Wolfgang Kollenz
Die Kunst der Demotivation

Wolfgang Kollenz

Die Kunst der Demotivation

Führungsfehlern auf die Schliche kommen

GABLER

Die Deutsche Bibliothek – CIP-Einheitsaufnahme

Kollenz, Wolfgang G.:
Die Kunst der Demotivation : Führungsfehlern auf die Schliche kommen / Wolfgang Kollenz. – Wiesbaden : Gabler, 1999
ISBN 3-409-19019-8

Lektorat: Jens Schadendorf

Der Gabler Verlag ist ein Unternehmen der Bertelsmann Fachinformation GmbH.

http://www.gabler-online.de

Höchste inhaltliche und technische Qualität unserer Produkte ist unser Ziel. Bei der Produktion und Verbreitung unserer Bücher wollen wir die Umwelt schonen: Dieses Buch ist auf säurefreiem und chlorfrei gebleichtem Papier gedruckt. Die Einschweißfolie besteht aus Polyäthylen und damit aus organischen Grundstoffen, die weder bei der Herstellung noch bei der Verbrennung Schadstoffe freisetzen.

Umschlaggestaltung: Schrimpf und Partner, Wiesbaden
Satz: FROMM MediaDesign GmbH, Selters/Ts.
Druck und buchbinderische Verarbeitung: Wilhelm & Adam, Heusenstamm
Printed in Germany

ISBN 3-409-19019-8

Inhalt

Anleitung zum Falschlesen

Wie Sie wirklich wenig von meinem Buch profitieren werden!

Dieses Buch ist bewußt anders gehalten. Es reflektiert ernste betriebliche Führungssituationen in einer provokant-heiteren Weise. In seiner Kürze ist es jedermann, auch in höchstem Maße gestreßten Managern, leicht zumutbar. Es soll aber nicht nur überflogen oder rasch verschlungen werden: Vergessen Sie alle Tips, die Sie in teuren Schnelleseseminaren erlernt haben. Insbesondere sollten Sie nicht nur das erste und das letzte Kapitel lesen und wie in einem Krimi nach dem Motto „Wer ist der Täter" vorschnell Ihre Schlüsse ziehen.

Apropos Täter: Sie können dieses Buch aus der Sicht des Täters lesen. Es tut so am meisten weh, doch werden Sie – neben Ihren Mitarbeitern – auch am meisten profitieren. Wer jedoch ist stark genug, sich selbst so einfach als Täter vorzustellen? Gibt es da nicht tausende Gründe, die eine Täterschaft nachträglich rechtfertigen sollen? Zwangssituationen etwa, gravierender Zeitmangel, schier ausweglose Notlagen oder vielleicht gar Entscheidungsnotstände! Sollten Sie dieses Buch hingegen aus der Sicht des Opfers lesen, dann ist es zumindest Labsal auf offene Wunden.

Sind wir aber in Wahrheit nicht alle Täter und Opfer zugleich? Wer von uns ist noch niemals demotiviert worden, und wem ist es in seinem Leben noch nicht passiert, daß er (wenngleich oft ungewollt) Mitarbeiter demotiviert hat? Gerade im Zeitalter des Mobbing ist es ja längst nicht mehr das Management allein, das demotiviert, sondern bereitwillig haben auch so manche lieben Kollegen diese Rolle übernommen. Demotivierende Einflüsse finden also längst nicht mehr nur top-down statt, sondern wirken in alle möglichen betrieblichen Richtungen. Ich habe dieses Buch in der Hoffnung geschrieben, daß sich manche Täter nach dessen Lektüre vor künftigen neuerlichen persönlichen Anschlägen ein wenig hüten mögen. Demotivatorische Hardliner wiederum finden zumindest ein paar kreative Ideen für neue Attacken, so daß sich der Leseaufwand für Sie auf jeden Fall rechnen wird ...

Sie sollten sich pro Tag nicht mehr als ein Kapitel vornehmen, dafür aber beim erstmaligen Lesen jeweils spontane Bemerkungen machen, etwa „Stimmt, das habe ich auch schon erlebt" oder „Genau so ist es!", vielleicht aber auch „So ein Unsinn!" oder „So eine Geschmacklosigkeit". Am Ende eines Kapitels können Sie Ihre persönlichen Schlußfolgerungen ziehen und Ihre Vorsätze für Ihr künftiges Handeln notieren. An der entsprechenden Stelle habe ich Raum für persönliche Notizen gelassen. Dabei behandeln Sie am besten die Aufgabenstellung entweder aus der Sicht eines Täters oder eines Opfers (selbstverständlich können Sie Ihre Rolle zwischen den einzelnen Kapiteln variieren; Sie können sogar zu einem Thema beide Aufgaben lösen, wenn Sie Erfahrung von beiden Seiten haben sollten).

Wenn Sie alle meine Ratschläge im betrieblichen Alltag befolgen, kann Ihnen dieses Buch eine wertvolle Hilfe sein: für die „Kunst der Demotivation"! – oder doch lieber für die Kunst, diese zu vermeiden?

1. Teil

Anleitung zum Mobbing

Vom Erfolg des Mißerfolgs und vom Mißerfolg des Erfolgs

Es ist schon ein erhebendes Gefühl, Erfolg zu haben in unserer extrem erfolgsversessenen Zeit. Schade, daß dieses Erlebnis nur so wenigen Menschen vergönnt ist und sich so viele als „Verlierer" fühlen! Doch auch zu diesem Problem haben Managementgurus eine brauchbare Lösung gefunden – so daß einer kleinen Zahl von „Winnern" nicht länger Heerscharen von „Verlierern" gegenüberstehen. Wie lautet also die Patentlösung?

Sie werden erstaunt sein, wie einfach sie ist und wie leicht sie umgesetzt werden kann: Wir programmieren die Denkweise der Betroffenen einfach um und versetzen die bedauernswerten Verlierer in den Glauben, (ebenfalls) gewonnen zu haben – dämlich genug sind sie ja, sonst wären sie bereits unter den (wirklichen) Gewinnern. Und schon ist auch dieses Problem gelöst (positives Denken leistet dazu eine ungeheure Unterstützung). Das mit dem Umpolen funktioniert wirklich gut, wenn man es einigermaßen geschickt macht. Hierzu muß natürlich jedermann seine eigene Strategie entwickeln, aber einige allgemeine Anregungen kann ich Ihnen doch dazu geben:

Motto: „Es hätte schlimmer kommen können": Bei negativen Entwicklungen ist es immer wichtig, Argumente zur Abschwächung bereit zu haben, beispielsweise „Wir liegen zwar unter dem Budget, aber das Estimate werden wir nur unwesentlich verfehlen!" Klingt doch gar nicht so schlecht, aber bitte nur verwenden, wenn die (gegenüber dem Budget bereits reduzierten) Schätzungen um weniger als 25 Prozent unterschritten wurden, sonst werden Sie unglaubwürdig. (Den ersten Satzteil können Sie auch ganz weglassen, wenn sich Ihre Worte sonst immer noch zu negativ anhören würden).

Ein weiteres Beispiel wäre etwa: *„Wir können von Glück sprechen, daß die Umsatzverluste unter 30 Prozent liegen, denn wir haben* *schon mit einer schlimmeren Entwicklung gerechnet.*" (Dann wird man Sie als tapferen Kämpfer gebührend belobigen.) Oder *„Wenigstens habe ich das Auto behalten"*, wenn man bei einer Scheidung schon Frau, Kinder und Wohnung verloren hat. Sie sehen daran, daß man sich nicht immer nur auf das Berufsleben beschränken muß, es gibt auch genügend Anwendungsmöglichkeiten im Privaten.

Eine andere Parole könnte lauten: *„Wer weiß, wozu es gut ist"*, etwa dann, wenn das Kind drei „Ungenügend" im Zeugnis hat und die Schule wechseln muß. Vielleicht lernt es in der neuen Schule eine(n) Millionär(in) kennen und macht „die Partie fürs Leben". Sicherlich fallen Ihnen auch hierzu eine Reihe weiterer Anwendungsfälle ein.

Auch die *„What a challenge!"*-Philosophie eignet sich gut. Ganz im Banne des positiven Denkens wird alles und jedes – und sei es auch noch so problematisch – als große Chance gesehen. Nach einer kurzen Illustration werden Sie verstehen, was ich meine: „Wir sind dem Konkurs bedrohlich nahe. Welch tolle Herausforderung!" – gewissermaßen nach dem Motto „Wir stehen kurz vor dem Abgrund. Doch heute wollen wir endlich den entscheidenden Schritt vorwärts tun!"

Schließlich sei noch die *„Ihr könnt mich mal"*-Haltung erwähnt, wenn man nach einem ordentlichen Mißerfolg oder einem unbewältigten Konflikt eine Ersatzbefriedigung sucht, etwa im exzessiven Ausleben beruflicher Arbeitswut nach einem mißglückten Ehebruch oder einem willkürlichen „One night stand" nach einem verlorenen Streit mit der Partnerin.

So also funktioniert das: Mißerfolge werden nicht anerkannt, sondern beständig geleugnet und entweder sofort ins Positive umgedeutet oder so bald wie möglich durch Pseudo-Siege kompensiert. Dabei muß man sich die Latte natürlich entsprechend tief legen, um das berauschende Erfolgsgefühl des Überspringens auch ja nicht zu verpassen.

Ist es da nicht weniger umständlich, sich auf das Erzielen tatsächlicher Erfolge zu konzentrieren? Dann kann man sich sofort freuen und braucht nicht erst die genannten komplizierten Mechanismen in Gang zu setzen. So war es sehr angenehm zu hören, daß mein nur in Österreich erschienenes Buch „Anleitung zur Demotivation" aufgrund reger Nachfrage bereits zu einem beachtlichen Erfolg für mich geworden ist. Vereinzelt gab es aber auch Kritik und Anregungen für Verbesserungen. Ich habe diese jetzt aufgegriffen und umfassende Umarbeitungen und Ergänzungen vorgenommen, so daß dieses Buch jetzt deutlich umfangreicher und verbessert gegenüber dem vorigen ist.

Ein neues Thema ist etwa das Mobbing, weil es sich dabei um Motivationsblockaden handelt, deren Bedeutung uns erst seit kurzem voll bekannt wird.

Die inhaltliche Verwandtschaft mit dem Demotivationsbegriff ergibt sich daraus, daß beide zu einem Verlust an Arbeitsfreude führen. Während bei der Demotivation eine Gleichgültigkeit gegenüber den Arbeitsaufgaben eintritt, kommt es beim Mobbing darüber hinaus oft zu wahren Angstzuständen, die in weiterer Folge sogar oft zu gesundheitlichen Schäden führen.

Ein kleiner Unterschied könnte lediglich darin gesehen werden, daß es sich beim Mobbing zumeist um eine vorsätzliche – und damit verstärkte – Form der Demotivierung handelt, die sonst hauptsächlich unbewußt geschieht. Im wesentlichen wirken aber sowohl die „klassiche" Demotivation als auch das Mobbing als Leistungsblockaden, die durch eine Änderung unseres Führungsverhaltens – und zwar nur dadurch!!! – vielleicht beseitigt, zumindest aber abgebaut werden können. Sie schaden augenscheinlich primär dem Betroffenen. Sie wirken sich aber auf der anderen Seite auch nachteilig auf das Unternehmen aus und können im betrieblichen Alltag nicht scharf voneinander abgegrenzt werden, so daß trotz der formalen Dreiteilung dieses Buches ein untrennbarer innerer Zusammenhang zwischen allen Kapiteln besteht.

1. Die Leiden des jungen Werkers

Bevor wir uns die einzelnen motivatorischen Todsünden im Detail ansehen, möchte ich kurz die Entstehung von Frustration gleich bei Eingehen eines Dienstverhältnisses skizzieren. Diese beginnt häufig lange vor dem ersten Arbeitstag, spätestens mit Aushändigung des Arbeitsvertrages, der ja zumeist ein besonders ausgefeiltes juristisches Machwerk darstellt und alle auch nur erdenklichen Eventualitäten zu regeln versucht.

Freilich geht es hier primär darum, dem Mitarbeiter möglichst wenig Rechte einzuräumen und ihn gleichzeitig mit Pflichten zu überladen, die natürlich elegant zu umschreiben und in wohlklingende Worte zu kleiden sind. Wozu haben Sie denn einen teuren Personalchef? Soll er doch seine Eloquenz unter Beweis stellen!

Ein kleines Beispiel einer solchen Vertragsklausel: „Sie werden zunächst in der Abteilung ... tätig sein. Sie stimmen aber auch jeder anderen Verwendung im In- und Ausland zu, je nachdem, wo ihr Einsatz erforderlich ist." Das klingt vielleicht ganz gut, und man fühlt sich durch eine solche Regelung beim ersten Hinsehen geradezu aufgebaut, noch dazu wenn sie vom Personalleiter entsprechend interpretiert wird: „Derzeit suchen wir zum Beispiel einen Finanzchef für Paris und einen Technischen Leiter für Brasilien. Wenn es für unseren Bewerber allerdings aktuell werden wird, wird es sich wohl eher um die Ukraine, Rußland oder die Baltischen Staaten handeln. (Nebenbei bemerkt wünsche ich Ihnen viel Glück, einen erfolgreichen Verkaufsleiter in Exekution dieser Vertragsklausel als Buchhaltungschef nach Spanien zu versetzen)

Andere Passagen in Arbeitsverträgen bringen eklatantes Mißtrauen offen zutage, etwa *Konkurrenzverbote*, die tunlichst noch mit Konventionalstrafen abgesichert sind. Diese sind möglicherweise bei Geschäftsführern, speziellen Marketingleuten, Controllern oder bei Key Accountern berechtigt, doch sind sie auch bei Sekretärinnen, Telefonistinnen oder freien Mitarbeitern – abgesehen von der Frage der Durchsetzbarkeit – wirklich erforderlich?

Besonders gut eignen sich auch *Dienstwagenordnungen* als Demotivationsinstrument. Zuerst einmal kommt meistens Freude auf, wenn man einen Dienstwagen mit dem Recht der privaten Nutzung zugeteilt erhält. Gleich darauf sorgt die „Nutzungsvereinbarung“ jedoch für radikale Ernüchterung, etwa wenn Tankrechnungen für Wochenendfahrten nicht vergütet werden (die dann als undatierte Belege dennoch in der Spesenabrechnung landen), Urlaubsfahrten damit unzulässig oder Fahrten des Ehepartners grundsätzlich nicht gestattet sind (man kann sich ja immerhin für die samstägige Einkaufsfahrt in den drei Häuserblökke entfernten Supermarkt ein Zweitauto anschaffen oder die Frau zu Fuß auf den Einkaufstrip schicken).

Außerdem bildet ein Dienstwagen oft den Auftakt für die „Neidgenossenschaft“, also Ihre lieben Kollegen, zur Bildung von Mobbing-Allianzen gegen den jeweiligen Besitzer (die „Heilige Kuh“ hat ja noch immer einen enormen Symbolwert). Man merkt das zum Beispiel daran, daß bestimmte Belege zum Kostenersatz entweder erst ordentlich verspätet zur Zahlung freigegeben werden oder ganz verloren gehen.

Aber bereits vor Ausstellung des Arbeitsvertrages können Sie schon mit demotivatorischen Impulsen beginnen (sehr gemäßigt jedoch – Sie wollen den Bewerber schließlich nicht gleich vertreiben) und für die entsprechende Grundstimmung sorgen: beim Vorstellungsgespräch. Hier können Sie zum Beispiel anstatt enthusiastischer Entschlossenheit quälende Unsicherheit und Zögerlichkeit an den Tag legen und dem Kandidaten den Eindruck vermitteln, daß er zwar unter Umständen in Frage kommen könnte („a good enough person“), Sie aber durchaus nicht von ihm überzeugt sind und er keinesfalls Spitze ist. Dieses Gefühl können Sie noch verstärken, indem Sie sich lange nicht bei ihm melden und ihn im Ungewissen lassen. Damit können Sie ihn bereits entmutigen, noch bevor er überhaupt begonnen hat.

Sollten Sie hingegen in der glücklichen Lage sein, wirklich den Super-Star gefunden zu haben, für den der Job eigentlich drei Nummern zu klein ist, dann stellen Sie ihm, um ihn zu gewinnen, die Position in den schillerndsten Farben dar. Wenn Sie ihm das „Anheuern“ so verkaufen, ist er zwar anfangs vielleicht ganz besonders motiviert, aber das schlägt sofort ins Gegenteil um, sobald sich die wahre Dimension herausstellt.

Wenn es Ihnen unter den bisher beschriebenen Umständen noch immer nicht gelungen ist, den Kandidaten endgültig zu verscheuchen, findet bestimmt nach einem Jahr ein erster *Performance Review* statt, der mit zunehmenden Dienstjahren zu einer immer größeren Peinlichkeit wird. Dies vor allem dann, wenn der Betroffene einen eher mäßigen (oder noch schlimmer einen unterdurchschnittlichen) Vorgesetzten hat. Und dieses Pech dürften gar nicht so wenige haben.

Falls unser junger Werker noch immer nicht resigniert und er dazu noch etwas Glück hat, wird er vielleicht sogar befördert. Solche Versetzungen in eine höhere Position sind oft „Schnittstellen“ (dieser Ausdruck paßt hier wirklich treffender als sonstwo) und ein häufiger Anlaß, die Neider auf den Plan zu rufen. Es ist ein Irrtum anzunehmen, daß immer nur die Geschäftsleitung entscheidet. Aber zweifellos entscheidet die Macht. Und die Geschäftsleitung hat wohl die Macht, jemanden in eine bestimmte Position zu bringen, ob derjenige aber dabei erfolgreich sein wird oder nicht, liegt nicht mehr allein in dessen Sphäre. Da reden die Kollegen auch ein Wörtchen mit, und zwar auch jene, die sich selbst Hoffnung auf den Job gemacht haben und sich jetzt naturgemäß übergangen fühlen. Sie haben ihn schon bisher recht skeptisch betrachtet, seit sich dessen Karrieresprung abgezeichnet hat, aber das wurde noch toleriert. Nun aber muß er sich auf Aktionen, die – wie wir sehen werden – teilweise recht subtil ablaufen, gefaßt machen.

Es hängt also tatsächlich auch ein ordentliches Stück vom Wohlwollen der Kollegen ab, ob man dem Aufgestiegenen eine Chance läßt. Tut man dies nicht und verbündet man sich gegen ihn, nennt man das Mobbing. Wir werden darauf noch im Detail eingehen. Nur soviel vorweg: Die Sterne für unseren jungen Werker stehen dann nicht besonders günstig!

Auch Demotivation ist oft die Folge von Versetzungen, und so kommt es geballt von allen Seiten: top-down von der Führung, indem der Versetzte sofort überfordert (= demotiviert) wird, bottom-up von den unterstellten Mitarbeitern, wenn sie beschließen, ihn zuerst einmal ordentlich auf die Probe zu stellen und zu guter Letzt von den Abteilungsleiterkollegen, die einen mutmaßlichen Günstling der Geschäftsführung in ihm erblicken und ihn aus diesem Grund auszugrenzen versuchen. Die Gehaltspolitik tut ein übriges; Gehälter werden ja häufig nicht mit dem Datum der Übernahme einer neuen Aufgabe angehoben, sondern erst nach einer gewissen „Einarbeitungszeit", während derer die Bezüge vorerst unverändert bleiben. Und wenn endlich die Erhöhung kommt, dann fällt sie zumeist geringer aus als erwartet, sofern die Einarbeitungszeit, die in Wahrheit eher eine Bewährungszeit ist, nicht auf unbestimmte Zeit verlängert wird. In diesem Fall kann sich der Betroffene von seinem Gehaltswunsch (und manchmal auch von seinem Job) erfahrungsgemäß schon für immer verabschieden.

Da kann es hin und wieder schon vorkommen, daß dann eine Kündigung, egal ob gewollt (Selbstkündigung oder provozierte Arbeitnehmerkündigung) oder ungewollt (Arbeitgeberkündigung) direkt als Erleichterung empfunden wird, weil die Leiden damit endlich ein Ende haben sollten. Sie irren! Denn es steht noch eine letzte Demotivation bevor: das Dienstzeugnis. Sie werden überrascht sein, was sich darin oft für nette kleine „Abschiedsgeschenke" verbergen. Es sind dies unauffällige Klauseln, die dem Fachmann aber alles sagen (zum Beispiel „zur vollsten Zufriedenheit" – er war wirklich gut, „zur vollen Zufriedenheit" – es ist gerade noch gegangen, „zur Zufriedenheit" – er war eine Flasche, etc.). Vor allem werden Sie sich wundern, wie viele Aufgaben, die alle bisher so extrem wichtig waren, nur beiläufig oder überhaupt nicht erwähnt sind. Auf die Extremfälle der üblen Nachrede, Verleumdung und kreditschädigenden Äußerungen möchte ich gar nicht weiter eingehen.

1. Die Leiden des jungen Werkers

Persönliche Notizen, Kommentare, Schlußfolgerungen

Aufgabe 1.a (für die Täter): Überlegen Sie sich zwei weitere teuflische Arbeitsvertragsklauseln und kleiden Sie sie in wohlklingende Worte.

Aufgabe 1.b (für die Opfer): Schildern Sie bitte, wie dienstvertragliche Regelungen von Arbeitnehmern faktisch außer Kraft gesetzt werden.

2. Auf zur Mobbing-Mania: Mobbing-Motive zur Nachahmung

Wenn jemand die Hürden des Bewerbungsgesprächs genommen hat, sich auch durch den Arbeitsvertrag nicht hat einschüchtern lassen und zufällig auch noch einen fairen Vorgesetzten erhalten haben sollte, was dann? Es muß doch möglich sein, auch dessen Motivation irgendwie zu zerstören!

Hier greift dankenswerterweise das Mobbing ein: Die Kollegen kommen zu Hilfe und besorgen den Rest. Sie tun dies in Teamarbeit, deren Effektivität sich hier wieder eindrucksvoll unter Beweis stellt, eher aus den verschiedensten Motiven.

Aus zahlreichen Austrittsinterviews mit Mobbing-Opfern habe ich den Eindruck gewonnen, daß die verschiedensten Faktoren auslösend sein können. Leider kann man sich hier nur an den Mutmaßungen der Opfer orientieren (die Täter bekennen ja kaum ihre Beweggründe öffentlich). Durch wiederholte Nennungen ein- und desselben Motivs darf man allerdings eine gewisse Richtigkeit vermuten und kann eine Gewichtung vornehmen.

Überhaupt sind Austrittsinterviews eine hervorragende Informationsquelle, egal von welcher Seite das Arbeitsverhältnis gelöst wurde. Hier kann man – zum Unterschied von der sonst üblichen innerbetrieblichen Kommunikation – auch von einer größeren Offenheit der Darstellung (ich möchte sie trotzdem nicht „objektiver" nennen) ausgehen, weil scheidende Mitarbeiter meist weniger Rücksichten nehmen und manchmal sogar ihre Freude an einer schonungslosen Darstellung haben. Jemand, der nichts mehr zu verlieren hat (den Job hat er ja schon eingebüßt und das Ansehen damit meist auch), packt eben lieber aus als jemand, der noch im Sold steht.

Im übrigen ist es auch für das Unternehmen zumeist wesentlich besser, wenn „Schmutzwäsche" intern gewaschen wird als wenn sie in voller Ladung nach außen dringt. Und für den Abgehenden empfinde ich es zumindest als Versuch der Vergangenheitsbewältigung und eine Art Respektbezeugung (sofern man darauf Wert legt), sich mit ihm zusammenzusetzen und seine Sicht der Dinge zu erfragen. Wichtig ist es dabei, wirklich ein offenes Ohr zu haben und nicht ständig in Rechtfertigungen, Verteidigungen und ins Widersprechen zu verfallen. Lassen Sie dem Ausscheidenden wenigstens diesmal seine eigene Meinung, selbst wenn sie von Ihrer oder dem „Corporate Wording“ beziehungsweise dem unausgesprochenen Selbstverständnis Ihres Unternehmens abweichen sollte. Und denken Sie darüber nach, ob Sie sich bei dieser Gelegenheit nicht für das eine oder andere, das man ihm angetan hat, entschuldigen könnten. Sie brauchen hier wirklich keine falsche Zurückhaltung an den Tag zu legen. Und versuchen Sie's mal ohne Checklist und ohne Maßeinheiten, das ist zumindest mein Vorschlag.

Doch nun zu den eigentlichen Motiven, die ich feststellen konnte:

1. „Hinausekeln durch den Betriebsrat“

Dieses Motiv habe ich bewußt an die erste Stelle gesetzt, weil es auffallend häufig genannt wurde. Die Beweggründe des Betriebsrats (meist geht es nicht vom Betriebsrat als Ganzes, sondern nur von einzelnen seiner Vertretungsorgane aus) sind zum Beispiel das Wählen einer anderen Betriebsratsliste, ungültige Stimmabgabe bei Betriebsratswahlen (fragen Sie mich bitte nicht, wie das festgestellt wird), vor allem natürlich erfolgloses Herausfordern und Kandidieren gegen den „Betriebsratskaiser“, aber auch (vermutete?) andere Parteizugehörigkeit oder politische Gesinnung – also hauptsächlich partei- und machtpolitische Gründe.

Der Betriebsrat ist zum Mobben in einer recht günstigen Situation, weil er in ständigem Kontakt mit der Geschäftsleitung ist und dort relativ leicht Stimmung machen kann. Das verkürzt dann zumindest die Leiden für den Gemobbten und hat damit auch für ihn etwas Positives. (Besser ein Ende mit Schrecken als Schrecken ohne Ende, sagt der weise Volksmund.)

2. (Berufliche) Rivalität

Manche Leute sehen in jedem Menschen einen Rivalen, zum Beispiel einen mutmaßlichen Ehebrecher, einen potentiell feindlichen Nachbarn oder anderes. Im Berufsleben ist diese Eigenschaft scheinbar noch stärker ausgeprägt, besonders je höher jemand die Erfolgsleiter emporsteigt. Da wird die Luft immer dünner, und die internen Karrierechancen nehmen rapide ab (wenngleich man das nicht gerne zugibt), dafür aber sind die potentiellen Anwärter umso zahlreicher (je höher die Führungsebene, desto weniger Jobs, aber mehr Interessenten aus den unteren Reihen der Job-Pyramide). Dies vor allem dann, wenn es um Direktorenposten, die Bestellung von Oberprokuristen oder ähnliche scheinbar erstrebenswerte Funktionen geht.

Also legt man sich eine möglichst große Hausmacht zu und setzt sie in macchiavellischer Weise gegen seine(n) vermeintliche(n) Rivalen ein, um sie (ihn) niederzumachen und möglichst für immer auszuschalten. Näheres siehe unter dem Kapitel „Intrigieren leicht gemacht“ (Seite 56).

3. Job-Ängste

Gerade im Zeitalter des „downsizing“ scheint dieses Motiv groß im Kommen zu sein. Denn die Mitarbeiter haben natürlich bereits erkannt, daß das Erfolgskriterium für Manager schlechthin der Abbau von Arbeitsplätzen geworden ist. Und sie haben auch erkannt, daß es hier bloß um das Ausweisen einer möglichst niedrigen Kopfzahl allein geht, wobei qualitative Kriterien nur eine sehr untergeordnete Rolle spielen oder überhaupt außer acht gelassen werden. Es ist also kaum bedeutsam, wer das Unternehmen verläßt, wichtig ist vielmehr, daß er geht und daß es ohne große Probleme abläuft. Da mag mancher schon auf den Gedanken kommen, aus Angst vor dem Verlust des eigenen Arbeitsplatzes jemand anderen ans Messer zu liefern und anzuregen, dessen Job wegzurationalisieren. Und das Unternehmen befreit sich (so glaubt es) von Mitarbeitern, mit denen es ohnehin immer nur Probleme gegeben hat – welch ein Zusatznutzen!

4. Neid

„Neid ist ein übler Geselle", sagte ein Kollege regelmäßig zu mir, und ich erkannte bald, daß er meist von sich selbst sprach. Aber vor allem ist der Neid ein guter Motivationsauslöser. Ich glaube, eines der größten Neidmotive ist ein erfülltes Familienleben, verbunden mit genügend Zeit für die Kinder – wer hat das heute noch? Auch ein junger, attraktiver Ehepartner oder eine neue Freundin bieten sich hier an. Aber es gibt auch wesentlich griffigere Motive, beinharte finanzielle etwa, wie Neid wegen eines höheres Einkommen (die höhere berufliche Belastung wird dabei natürlich vernachlässigt) oder wegen Statussymbolen wie Dienstwagen, GSM-Handys, Laptops ...

5. Sich-interessant-machen

„Graue Mäuse" fallen selten auf. Doch in der Mobbing-Welt erhalten auch sie eine Chance und bekommen bei Wohlverhalten (soll heißen: bei devoter Unterordnung) von der Mobbing-Mafia eine gute Gelegenheit, auf sich aufmerksam zu machen – als Spitzel, als Zuträger von Informationen oder ganz einfach als „member of the club", also als deren bedingungsloser Bewunderer und Fan. Das wertet auf. Die Mobber haben ja schließlich Einfluß im Unternehmen, und da ist es ein erstrebenswertes Ziel dazuzugehören. Dies ist auch deshalb wichtig, um nicht selbst ins Visier der Mobbing-Mafia zu geraten und selbst zum Opfer auserkoren zu werden. Damit wird das Mit-Mobben von existenzieller Bedeutung (wörtlich genommen!).

6. Antipathie

Es ist Ihnen sicher auch schon passiert; man weiß nicht warum, aber gewisse Menschen kann man absolut nicht leiden. Man sieht ihr Gesicht am Morgen, und schon ist der ganze Tag im Eimer. Manchmal reicht es schon, wenn man deren Bürotür passiert und allein am Schatten erkennt, daß sie drinnen sind oder wenn einem im Lift noch ein kleiner Brisenrest ihres Parfüms entgegenweht. Erleichterung verschafft dann erst der Vorsatz, gegen diese Typen etwas unternehmen zu wollen. Also schart man Gleichgesinnte um sich, und die Jagd kann beginnen. Als tatendurstiger betrieblicher „Terminator" macht jeder nach besten Kräften mit; die Kollegen beginnen mit kleinen Sticheleien, steigern sich zum Provozieren und fühlen sich besonders stark, wenn sie im Rudel sind. Sie projezieren ihren gesamten Frust, egal ob aus dem Berufs- oder Privatleben, auf den „Sündenbock", der schließlich insgeheim für alles verantwortlich gemacht und zur Unperson erklärt wird. „Objektive" Gründe zur Rechtfertigung sind schnell gefunden, und schließlich glaubt man sogar ernstlich, für eine gute Sache zu kämpfen und für Gerechtigkeit einzutreten. Jetzt ist Motivation entstanden und der Killerinstinkt geweckt; alle sind vom Terminatoren-Fieber befallen. Die Horde folgt ihrem Führer und die Dinge nehmen ihren Lauf.

7. *Unbequemlichkeit*

Wenn Sie als Newcomer das Glück haben, in eine lahme Abteilung zu gelangen und vielleicht die Absicht haben sollten, dort als „Hecht im Karpfenteich" zu agieren, kann es schon mal vorkommen, daß Sie die anderen elegant ausgrenzen. Insbesondere dann, wenn Sie trotz entsprechender Belehrung nicht bereit sein sollten, sich dem beschaulichen Arbeitsrhythmus Ihrer Kollegen anzuschließen.

„Du brauchst hier wirklich keinen Weltrekord aufzustellen" oder ähnliche, wohlgemeinte Ratschläge werden mehrmals wiederholt, doch wahre Ehrgeizlinge zeigen leider auch darauf nicht die gewünschte Reaktion und buddeln weiter wie bisher.

„Wenn du hier alt werden willst, mußt du drei Gänge zurückschalten", werden die Warnungen jetzt deutlicher. Erzielt auch das keine Wirkung, muß man eine andere Strategie anwenden. „Gut, wenn er so viel arbeiten will, dann kann er es haben", lautet die Schlußfolgerung der Kollegen, und sie beginnen, den Neuling mit

Arbeit zu überladen. „Er hat es ja nicht anders haben wollen", fühlt man sich bestätigt, und die Berge an Arbeit werden höher und höher. Das eigene Engagement ist von einer Bedrohung für die anderen zu einer Bedrohung für einen selbst geworden.

8. Benachteiligung

Es kann aber auch in eine andere Richtung gehen. Junge, erfolgshungrige Mitarbeiter können mitunter auf die Idee kommen, sich zusammenzuschließen und einzelnen kontraproduktiven Repräsentanten des betrieblichen Establishments den Kampf anzusagen. Dann kann es leicht so manchen alteingesessenen Kollegen treffen, dessen Leistung zwar bescheiden, dessen Gehalt aber um so höher ist.

Diese Ungerechtigkeit fordert heraus, und wenn hier schon die Geschäftsleitung nichts tut, kann es eben vorkommen, daß die „Jungen" die Initiative ergreifen und zur Selbstjustiz schreiten.

2. Auf zur Mobbing-Mania

Persönliche Notizen, Kommentare, Schlußfolgerungen:

Aufgabe 2.a (für die Täter): Bestimmen Sie Ihre „Unperson" im Unternehmen, und überlegen Sie sich Gründe, warum man gegen sie mobben sollte.

Aufgabe 2.b (für die Opfer): entfällt (Man soll nicht in alten Wunden wühlen.)

3. Einmal gemobbt – nie mehr gestoppt

Professionelle Mobber haben sich eine Infrastruktur aufgebaut, die durchaus an die Organisation der Mafia erinnert. Wichtig ist es, daß vor allem die wahren Drahtzieher hier absolut anonym bleiben, riskieren sie doch andernfalls Sanktionen der Geschäftsführung, falls diese dafür kein Verständnis haben sollte. (Dies ist aber, wie wir noch sehen werden, nicht immer der Fall!) Daher ist beispielsweise beim Telefonterror größte Vorsicht geboten, da bei bestimmten Digitalapparaten die Nummer des Anrufers im Display gespeichert wird. Benutzen Sie daher nur öffentliche Fernsprechzellen (was die Sache zwar ein wenig aufwendig macht, aber soviel sollte einem die eigene Sicherheit schon wert sein).

Die Mobbing-Profis verfügen daher über ein entsprechendes „Team" für ihre „Projekte", und haben sich zudem ein umfassendes Informationsnetz mit einer entsprechenden Anzahl von Spitzeln aufgebaut. Diese dürfen wirklich vor nichts zurückschrecken, wenn es darum geht, ihrem „Paten" zu dienen. (Mir ist ein Fall bekannt, wo eine Mitarbeiterin sogar sexuelle Kontakte mit dem Opfer aufgenommen hat, um an die gewünschten Informationen zu kommen. Denn einer – vermeintlichen – Geliebten erzählt man „im Vertrauen" mitunter doch mehr als einer bloßen Kollegin.)

Mit Hilfe der EDV lassen sich solche Informationen auch gut in geheimen Datenbanken verarbeiten und bei Bedarf auf Knopfdruck abrufen. Dann kann man sie, sobald sich ein geeigneter Anlaß bietet, sofort an das Top-Management weiterleiten. Denn ohne die Führung läuft beim richtigen Mobbing nicht viel. Schon relativ bald stoßen die Mobber an ihre Grenzen, und ihre Attacken gehen häufig ins Leere, werden sie nicht vom Management gebilligt und gedeckt.

Sie dürfen aber erfahrungsgemäß auf ein gewisses Gehör im Management hoffen, denn dort gibt es immer wieder Personen, die an derartigen Daten Interesse haben könnten. Im Zeitalter des Downsizing stehen die Geschäftsführer oft derart unter Druck,

Personal zu reduzieren, daß ihnen bereits manchmal die Phantasie ausgegangen ist, wen man denn noch abbauen könnte. Dies bildet einen guten Nährboden für eine gewisse Offenheit gegenüber guten, vertraulichen Hinweisen.

Also sollten Sie derartige Informationen vorsichtig dem Personalchef zuspielen, wenn Sie einen Mitarbeiter endgültig ans Messer liefern wollen. Mit etwas Glück gelingt es Ihnen, ihn auf Ihre Seite zu ziehen (Ihr stärkstes Argument könnte lauten: „Hauptsache, wieder einer weniger!"), und alles weitere geht dann relativ rasch.

Dessen ungeachtet ist es besonders wichtig, auch den unmittelbaren Chef des Opfers mit ins Mobbing-Boot zu kriegen – und zwar selbst dann, wenn man ohnehin einen oder mehrere Verbündete im Top-Management haben sollte – denn an ihm vorbeizumobben ist relativ schwierig. Sollte er sich aber standhaft widersetzen, hilft nur eines: Man muß unverzüglich die Strategie ändern und zuerst gegen ihn mobben, wobei unbedingt darauf zu achten ist, daß er sich auf keinen Fall mit dem ursprünglichen Opfer solidarisiert, da der in diesem Falle erforderliche Doppelschlag doch relativ schwierig ist. Also muß dieser von allen Seiten in die Zange genommen werden, bis er schließlich klein beigibt. Und dann wird aus vollem Rohr – jetzt auch verstärkt durch den Vorgesetzten, sofern er nicht selbst längst hinausgeekelt wurde – auf das waidwunde Opfer geschossen. Ihm werden schwierigste Aufgaben zugewiesen, an denen schon etliche andere Mitarbeiter gescheitert sind („Diese Spezialaufgabe ist wie geschaffen für Sie. Das können nur Sie machen!"), und heimtückisch als Auszeichnung verkauft, ohne aber – und das ist sehr wichtig – ihm begleitende Informationen zu geben. Pech für ihn, wenn er daran scheitern sollte.

Eine andere Möglichkeit ist außerordentliche quantitative Überbeanspruchung verbunden mit qualitativer Unterforderung. Im Klartext: ein riesiger Haufen stupider, nervenaufreibender Arbeit, zu dem immer neue, anspruchslose Aufgaben dazukommen. Die Arbeitsrückstände werden zwangsläufig immer größer, und der psychische Druck und die Belastung steigen. Und schon steuern die Ereignisse ihrem vorprogrammierten Höhepunkt entgegen: Eine solche Situation schreit ja geradezu nach Maßnahmen. Um Gottes willen, dieser Schwachmatikus erfüllt ja nicht einmal seine „Hausaufgaben", selbst simpelste Arbeiten bleiben unerledigt. Der Arbeitsdruck ist keine Entschuldigung, den haben heutzutage alle. Was ist daher die logische Konsequenz? Man gibt ihm gar keine Arbeit mehr, dann kann wenigstens nichts mehr schiefgehen.

Die gähnende Leere auf dem Schreibtisch vermittelt anschaulich das Gefühl, nicht mehr gebraucht zu werden: ein wahrer Schmarotzer, der auf Kosten der anderen lebt. Und hier treten die lieben Kollegen auf den Plan und verstärken bei diesem Nichtsnutz den Eindruck, absolut überflüssig zu sein, indem sie ihn unaufhörlich „schneiden". Er wird ausgeschlossen aus Diskussionsrunden, aus Abteilungsbesprechungen (mit dem überzeugenden Argument, er arbeite ja sowieso nichts) und natürlich erst recht von privaten Kontakten und Freundschaften; er wird zum Außenseiter abgestempelt. Wie lange das jemand aushält? Darauf werden wir gleich näher eingehen.

Aber auch wenn der Personalleiter, das sonstige Management oder der unmittelbare Vorgesetzte nicht mitspielen sollten, gibt es Hoffnung, wenngleich die Aktion dann etwas mehr Zeit brauchen wird. Denn bekanntlich halten nicht alle Gemobbten auf Dauer durch. Und gerade darauf sollten Sie bauen: Nach einer schwedischen Untersuchung sind 10–20 Prozent der Opfer von Psychoterror infolgedessen erkrankt, wobei es in Deutschland angeblich 1,27 Millionen Mobbing-Geschädigte geben soll. Daraus errechnet sich ein enormes Mitarbeiter-Abgangspotential für die Unternehmen, so daß sich das Management – wenn es das Mobbing schon nicht fördert – zumindest passiv verhalten sollte. Denn das erscheint ökonomisch angebracht, wenn man Abfertigungskosten sparen will.

Häufige Leiden sind Angstzustände, bei längerem Anhalten resultieren daraus dauerhafte Beschwerden. Sicherlich entstehen in dieser Zeit Kosten (der durch Mobbing verursachte Arbeitsausfall kostet in Deutschland rund 30 Milliarden DM jährlich – und das ohne Krankenkosten!), aber die treffen ja nicht nur die Betriebe, sondern werden zumindest zum Teil von der öffentlichen Hand getragen. Und da sie letztlich zu Personaleinsparungen führen, rechnen sie sich betriebswirtschaftlich auf jeden Fall!

Zumindest ermöglicht Ihnen der aufgrund der Mobbing-Attacken eingetretene Leistungsabfall oder die immer wiederkehrenden Krankenstände eine Kündigung, die Sie sonst in Ermangelung anderer Gründe nur sehr schwer bei Gericht durchbringen würden.

Im Idealfall kündigt der Gemobbte sogar selbst, und Sie ersparen sich die gesamte Abfertigung, was bei langjährigen Mitarbeitern schon einiges ausmachen kann.

3. Einmal gemobbt – nie mehr gestoppt

Persönliche Notizen, Kommentare, Schlußfolgerungen:

Aufgabe 3.a (für die Täter): Machen Sie eine Überschlagsrechnung, wieviel an Abfindungszahlungen Sie sich in den nächsten drei Jahren durch eine gezielte Mobbing-Strategie ersparen könnten.

Aufgabe 3.b (für die Opfer): Überlegen Sie sich, wie Sie dem Mobbing-Teufelskreis entkommen können.

4. Ewig mahlt die Knochenmühle – Anti-Mobbing-Strategien

Es soll vereinzelt auch Menschen geben, die dem Mobbing nichts abgewinnen können. Dies gilt natürlich primär für die Mobbing-Opfer selbst, sofern es sich nicht gerade um einen eingefleischten Masochisten handelt, der sich an solchen Situationen so richtig delektieren könnte.

Sie wollen wir hier vernachlässigen, denn erstens gibt es erfahrungsgemäß deren nicht so viele, und andererseits lassen Mobber leicht von ihrem Vorhaben schnell wieder ab, sobald sie erkennen, daß das Opfer sogar Genuß am Leiden entwickelt. Es macht ja schließlich keinen Sinn, gegen jemanden zu mobben, der daran noch seine Freude hat. Das geht eindeutig am Zweck vorbei!

Neben den Gemobbten sind es gelegentlich auch gewisse Manager, die sich mit derartigen Untrieben ganz und gar nicht abfinden wollen. Sie könnten von der bisherigen Lektüre dieses Buches leicht enttäuscht sein, selbst wenn sie inhaltlich vielleicht zugestimmt haben, weil sie bisher noch keinen effektiven Nutzen erblicken konnten. Das ist ja ganz schön, was hier geschrieben ist, mögen sie denken, und es mag ja teilweise wirklich so sein. Was aber hat man davon? Sie könnten gar glauben, ich wollte mich über sie noch lustig machen.

Ich darf Sie, sollten Sie so denken, beruhigen: Es steckt schon ein bißchen mehr Absicht dahinter als Verspottung. Die plastische Darstellung erschien mir zunächst unerläßlich. Denn zum einen ist bekanntlich die Einsicht der erste Weg zur Besserung, so sagt man zumindest. Ich glaube, es ist der logische erste Schritt, auf ein Problem aufmerksam zu machen, indem man es plakativ und drastisch in all seinen Facetten schildert. Doch selbstverständlich darf man sich damit nicht begnügen. Daher möchte ich Ihnen jetzt einige Anregungen für Gegenmaßnahmen geben.

Die Mobbing-Opfer selbst haben naturgemäß wenig Möglichkeiten, diesen Prozeß zu stoppen. Dennoch gibt es auch für sie wichtige Einsichten, die auch für augenblicklich nicht betroffene Personen wichtig sind, denn das Blatt kann sich schnell wenden. „Mir kann das nicht passieren" ist daher eine krasse Fehleinschätzung der Lage. Es kann jederzeit jemanden erwischen, der derzeit noch nicht davon betroffen ist. Jeder ist also ein potentielles Opfer. Das sollten Sie vor Augen haben und vielleicht schon aus diesem Grund nicht nur teilnahmslos zusehen.

Wenn Sie aber bereits zu den Opfern gehören, sollten Sie sich keineswegs immerzu bedauern und darüber grübeln, warum es gerade Sie treffen mußte. Sie können sicher sein, es ist wie eine Virusinfektion: Mal erkrankt der eine, mal erkrankt der andere. Sie sollten also nicht in Tatenlosigkeit und Selbstmitleid verfallen, sondern statt dessen etwas unternehmen und Ihr eigenes Schicksal wieder selbst in die Hand nehmen. Psychisch stärkere Typen haben es hier sicher einfacher, ganz abgesehen davon, daß sie weit weniger oft als Opfer auserkoren werden dürften. Doch haben Sie auch dann, wenn Sie sich nicht zu dieser begünstigten Gruppe rechnen, durchaus Möglichkeiten.

Als erste Gegenmaßnahme kann empfohlen werden, nach Verbündeten zu suchen. Hier sind zunächst natürlich private Freunde zu nennen, mit denen man die Situation erörtern sollte und die einem hoffentlich wertvolle mentale Unterstützung geben. Aber es ist unerläßlich, auch im Betrieb die Lage zu sondieren. Dafür erscheint es zunächst sinnvoll, eine Art von „Mob-Mapping" zu versuchen und die jeweiligen Macht-, Einfluß- und Interessenssphären zu sondieren; das heißt zu erwägen

- welche Personen auf jeden Fall involviert sind (beziehungsweise sein müssen),
- welche Personen außerdem beteiligt sein könnten,
- welche Personen höchstwahrscheinlich nicht verstrickt sein dürften.

Des weiteren sollten Sie mögliche Motive und überhaupt die Interessen, die im Spiel sein könnten, ervieren (denken Sie dazu zurück an Kapitel 2), so daß Sie eine sinnvolle Gegenstrategie ausarbeiten können. Generell gilt es, das Gesetz des Handelns zu nutzen und die Situation wieder aktiv zu beeinflussen. Passivität ist hier wohl das Schlechteste, und jeder Versuch einer Gegenwehr kann eher nutzen als schaden.

Eine meist sinnvolle Maßnahme ist die Einschaltung des Betriebsrats, sofern Sie ihn nicht auch für involviert halten. Damit sollten Sie nicht zu lange warten, da Sie damit rechnen müssen, daß auch die Mobber versuchen werden, ihn auf ihre Seite zu ziehen.

Als letzter Schritt sollte überlegt werden, sich direkt an die Geschäftsleitung zu wenden. Gut ist es dabei, auf die Unterstützung durch den Betriebsrat rechnen zu können, da dann der Handlungsdruck entsprechend größer wird.

Auch neutrale Dritte dürfen sich angesprochen fühlen. Vielleicht können sie vermittelnd eingreifen oder zumindest dazu beitragen, daß der Konflikt nicht eskaliert. Sie sollten sich also nicht nach dem Motto „Wenn zwei sich streiten, freut sich der Dritte" passiv verhalten und sich darüber freuen, nicht selbst im Schußfeld zu sein. Denn es sei noch einmal gesagt: es könnte leicht sein, daß auch Sie einmal ins Out gedrängt werden, und dann werden Sie froh sein, ebenfalls Unterstützung zu finden.

Aus der Sicht der Geschäftsleitung sollte es eine Selbstverständlichkeit sein, „Mobbing-Nester" ausfindig zu machen und sofort zu zerschlagen. In größeren Unternehmen bieten sich hier Versetzungen mancher Beteiligter an, wobei man die vermeintlichen Drahtzieher im Auge behalten sollte. Außerdem sollte man sie unverzüglich ansprechen und deutlich machen, daß man derartige Untriebe in keiner Weise dulde. Erforderlichenfalls müssen weitere Maßnahmen überlegt, angedroht und schließlich auch ergriffen werden.

Wichtig erscheint es auch, nicht nur den mutmaßlichen Beteiligten gegenüber die Mißbilligung eindeutig auszudrücken, sondern derartige Vorfälle in der gesamten Belegschaft offen anzuprangern (ohne jedoch bestimmte Namen zu nennen oder auf konkrete Fälle einzugehen – die kennt die Belegschaft wahrscheinlich ohnehin besser als Sie).

Das Management sollte Mobbing-Vorfälle einerseits nicht dramatisieren (einzelne Fälle sind bei größeren Belegschaften von Zeit zu Zeit unvermeidbar), andererseits aber noch weniger bagatellisieren. Sie sind wichtige Signale, die über das aktuelle Betriebsklima beziehungsweise die vorherrschende Unternehmenskultur Aufschluß geben.

Oft sind sie Ausdruck der Unzufriedenheit mit gewissen Umständen im Unternehmen, und der Gemobbte hatte dann nur die Rolle des Sündenbocks, während sich die Kritik primär gegen andere Zustände richtet. Das Management darf sich daher keinesfalls auf den Standpunkt zurückziehen, wie ich es schon öfters gehört habe, daß es eben Sache des Mitarbeiters sei, sich durchzusetzen und sich unter den Kollegen Akzeptanz zu verschaffen. Ganz abgesehen davon, daß es sich beim Mobbing zweifelsfrei um leistungshemmende Umstände handelt, schaden diese nicht nur der Leistung des Gemobbten, sondern beeinträchtigen auch die Leistungen der Kollegen, die entweder Intrigen planen, sich daran beteiligen oder zumindest ständig mit Arbeitskollegen darüber kommunizieren – und natürlich alles während der Arbeitszeit!

Daher kann man schon aus Gründen der wirtschaftlichen Verantwortung für das Unternehmen nicht zulassen, daß dermaßen Produktivität zerstört oder zumindest beeinträchtigt wird: Mobbing geht uns alle an!

4. Ewig mahlt die Knochenmühle

Persönliche Notizen, Kommentare, Schlußfolgerungen:

Aufgabe 4.a (für die Täter): Wie werden Sie Anti-Mobbing-Strategien im Keim ersticken?

Aufgabe 4.b (für die Opfer): Revidieren beziehungsweise ergänzen Sie Ihre Maßnahmen gemäß *Aufgabe 4.b.*

2. Teil

Anleitung zur Demotivation

Eine schöne Geschichte

„Mieser Betriebsausflug“ sagte der Verkaufsleiter, nachdem es auch noch zu regnen begonnen hatte. Er sprach es aus, aber viele andere dachten ebenso: „Mieser Betriebsausflug“. Und das über eine Veranstaltung, die sich die Geschäftsleitung immerhin einiges kosten ließ.

Was ist hier passiert, wenn eine traditionell beliebte Einrichtung zur Förderung der Motivation plötzlich mit dem Urteil „Mieser Betriebsausflug“ bedacht wird? Einmal im Jahr muß man doch der Basis etwas bieten. Vom Management-Olymp herabsteigen und sich jovial unters Volk mischen – das gehört einfach dazu. Bisher hat es zumindest immer einen merklichen Motivationsschub gebracht, wenn sich der Betriebsinhaber und die Führung in die Niederungen der Belegschaft begeben haben und mit den einfachen Arbeitern auf Tuchfühlung gegangen sind. Aber in den letzten Jahren? Statt ergriffener Demut nichts als provokante Statements und unangenehme Fragen. Das hat man gerade nötig gehabt! Man merkt auch keine Freude mehr, wenn die Mitarbeiter einen erholsamen Tag miteinander verbringen. Wahrscheinlich geht es den Leuten zu gut. Sie schätzen solche Einladungen nicht mehr genug, weil sie sich solche Tagesausflüge auch privat locker leisten können!

Für das nächste Jahr müssen wir uns was gänzlich anderes einfallen lassen, lautet die logische Schlußfolgerung des Betriebsinhabers, etwas ganz Originelles. Das wird zwar einiges mehr kosten, aber es soll wieder so richtig ziehen, ein Ereignis, das man nicht so bald vergißt, ein richtiger Mega-Event. Für das kommende Jahr solle dafür ein Aufwand in vierfacher Höhe budgetiert werden, ergeht die strikte Anweisung an den Personalchef, ein ganz ordentlicher Betrag, doch noch immer bescheiden im Vergleich zum gesamten Personal- und Sozialaufwand. Und er solle etwas Originelles dafür checken, vielleicht einen Ballonflug entlang der Donau, eine

Off-Road-Rallye in Ungarn, ein Golfwochenende in Tunesien, ein Rafting-Wettbewerb wäre auch etwas Nettes. Es müsse jedenfalls bei der Belegschaft mächtig Eindruck machen.

Es wird zwar eine Menge Geld kosten, aber dafür hat man dann eben wieder Ruhe für einige Zeit. So viel muß es einer Firma eben wert sein, daß die Leute ordentlich arbeiten. Man sei ja ein sozial eingestelltes Unternehmen, und das müsse man auch nachdrücklich demonstrieren. Einmal im Jahr.

Zehn Jahre später. Was jetzt? Man hat alles gemacht wie geplant und immer höhere Kosten in Kauf genommen. Jahr für Jahr hat man sich weiter gesteigert, hat immer steilere Sensationen geboten. Jetzt kommt man gerade mit einem flauen Gefühl vom Heliskiing am Arlberg zurück.

Weitere Kostensteigerungen für den Betriebsausflug sind nicht mehr akzeptabel. Das ist der Nachteil von derartigen Motivationsmaßnahmen: Man gerät schnell an die Grenzen der Sinnhaftigkeit.

Da hilft dann nur noch ein Rückgriff auf Altbewährtes: Ein geruhsamer (und kostengünstiger) Tag in Niederösterreich mit Wandermöglichkeit und Tarokpartie. Auch auf die Gefahr hin, daß manche Mitarbeiter wieder „Mieser Betriebsausflug" sagen.

1. Auch Versprechen kann man brechen: Der Versprechens-Notstand

Ein Demotivationsdialog

Chef: „Warum sind Sie in der letzten Zeit nicht mehr so richtig motiviert?“

Mitarbeiter: „Ich weiß es auch nicht so genau. Aber ich kann mich irgendwie derzeit nicht so richtig zu etwas aufraffen.“

Chef: „Ich bin sehr enttäuscht darüber. Ich habe schon so viel für Sie getan, und Sie sind nicht motiviert. Erinnern Sie sich denn nicht, wie viele Motivationsgespräche ich mit Ihnen geführt habe?“

Mitarbeiter: „Sicherlich, geredet haben wir viel.“

Chef: „Aber?“

Mitarbeiter: „Aber geschehen ist nichts.“

Chef: „Also bitte, das muß ich entschieden zurückweisen. Ich habe mich um alle Ihre Anliegen gekümmert!“

Mitarbeiter: „Und wieso habe ich dann die versprochene Gehaltserhöhung nicht gekriegt?“

Chef: „Ach das ist es! Sie wissen doch genau, daß das nicht an mir gelegen hat. Ich habe Ihre Erhöhung beantragt; und auch mein Vorgesetzter hat indirekt zugestimmt. Er hat mir gesagt, das müsse ich verantworten. Abgelehnt hat der Personalchef. Aber auch nur, weil die Personalkosten ganz allgemein zu hoch sind. Was soll ich da tun?“

Mitarbeiter: „Kämpfen für die Genehmigung der Erhöhung!“

Chef: „Kämpfen? Daß ich nicht lache. Das hat doch keinen Sinn! Sie wissen doch genau, daß der Personalchef sehr gute Beziehungen zum Generaldirektor hat. Da bin ich zweiter, da habe ich keine Chance.“

Mitarbeiter: „Aber das muß doch auch der Personalchef verstehen, daß mir etwas versprochen wurde und Zusagen eingehalten werden müssen.“

Chef: „Haben Sie eine Ahnung! Den interessiert das überhaupt nicht. Der ist dann nur noch sauer auf mich und wirft mir vor, ich hätte eben ohne Vollmacht keine Zusage machen dürfen.“

Mitarbeiter: „Also wieder nichts. Hauptsache, Sie haben einen neuen Dienstwagen bekommen!"

Chef: „He, was soll das? Muß ich etwa vor Ihnen Rechtfertigung ablegen? Offenbar bin ich der Firma das wert, sonst hätte man ihn mir ja nicht bewilligt."

Mitarbeiter: „Nur ich bin der Firma leider keine Gehaltserhöhung wert."

Chef: „Sie verstehen aber wirklich überhaupt nichts! Ich habe Ihnen doch gesagt, daß unsere Personalkosten zu hoch sind. Und ein Dienstwagen ist Betriebsvermögen und gehört damit nicht in die Personalkosten. Außerdem kann man überhaupt nur die jährliche Abschreibung als Aufwand rechnen; und davon muß ich sogar noch Steuer zahlen. Oder haben Sie noch nichts von einem Hinzurechnungsbetrag gehört? Ihre Bemerkung war damit nicht nur unangebracht, sie war auch unrichtig. Ich erwarte eine Entschuldigung."

Mitarbeiter: „Also gut, ich entschuldige mich. Aber warum verdient Herr Müller mehr als ich? Das verstehe ich wirklich nicht!"

Chef: „Soviel ich weiß, hat der doch ein Post-Graduate-Studium!"

Mitarbeiter: „Das schon, aber er hat einen kleineren Verantwortungsbereich als ich. Zahlen wir hier für die Leistungen im Unternehmen oder für die Leistungen an der Universität?"

Chef: „Ach, hören Sie auf damit! Warum verdient denn der Finanzchef mehr als ich? Und warum verdient der Präsident der Vereinigten Staaaten mehr als unser Finanzchef? Werden Sie doch Bundespräsident, wenn Sie mehr verdienen wollen. Und jetzt Schluß mit der Diskussion!"

Hand aufs Herz: Waren Sie noch nie in der Situation, daß Sie einem Ihrer Mitarbeiter gar keine Zusage machen wollten, Sie aber mehr oder weniger aus der Situation heraus dazu gezwungen waren? Etwa als ein Mitarbeiter eine aufgrund seiner Leistungen durchaus gerechtfertigte Gehaltserhöhung verlangte und Sie zu diesem Zeitpunkt kein Gehaltsbudget dafür mehr frei hatten.

In einer solchen Situation hat man doch gar keine andere Chance! Was hätte man denn anderes tun sollen, als den Mitarbeiter ins nächste Jahr zu vertrösten? Und mit einem ganz unverbindlichen

Statement war der Kollege auch nicht zufrieden. Also verbleibt nur eine Zusage für das nächste Jahr als einzig möglicher Ausweg. Freilich sind da noch der Personalleiter, der die Erhöhung erst befürworten und der Geschäftsführer, der sie genehmigen muß, aber dieser organisatorische Weg ist ja allgemein bekannt, auch bei den Mitarbeitern. Sollte die Erhöhung aber abgelehnt werden, was dann? Da kann man sich nur darauf zurückziehen, daß man eben überstimmt worden sei. Sicher wird das eine peinliche Situation, aber dafür muß man vom Mitarbeiter doch Verständnis erwarten können. Mehr kann man von einem Vorgesetzten wirklich nicht verlangen, als einen begründeten Antrag an den Vorstand zu stellen.

Dasselbe gilt für Karrieregespräche. Wenn ein Arbeitnehmer mit seiner Verwendung nicht zufrieden ist und man ihn halten möchte, muß man ihm einen Karrieresprung in Aussicht stellen, sonst sind gute Mitarbeiter schnell weg. Und dann passiert es: Eine Position wird plötzlich nicht wie geplant nachbesetzt, jemand anderer kommt zum Zug, der Stelleninhaber geht nicht wie erwartet in Rente und so weiter.

Dafür hat Ihr Mitarbeiter natürlich volles Verständnis, denn er weiß, wie sehr Sie sich um ihn bemüht haben. Also wird er warten, bis Sie ihm die nächste Aufstiegschance nahelegen. Doch diesmal muß man ihm die vorgesehene Position schon viel konkreter beschreiben und vor allem auch den exakten Termin und die genauen Konditionen, sind doch die Glaubwürdigkeit und das Vertrauen in die Macht des Chefs nun schon merklich beeinträchtigt. Aber man gibt ihm noch eine zweite Chance. Dann muß es aber wirklich klappen. Karriereplanung ist schließlich eine wichtige, zentrale Führungsaufgabe, und die kann dem Chef auch niemand anderer abnehmen. Und wenn es wieder nichts werden sollte: Pech gehabt, Kismet, da kann man halt nichts machen.

So ist es einfach: Es geht oftmals gar nicht anders, als gemachte Zusagen zu brechen. Dazu zwingt einen die Organisation geradezu, weil einfach zu viele Leute mitreden. Außerdem entwickeln sich Situationen oft einfach anders als geplant.

Sollte ein lästiger Mitarbeiter eine ihm einmal gegebene Zusage einlösen wollen, vor allem im betrieblichen „Instanzenzug“, hilft nur noch eines: *Abstreiten* und ja nichts zugeben, da man sich sonst nur zusätzliche Probleme schafft; denn dem Beschwerdeführer kann man ohnehin nicht mehr helfen, wenn die Sache bereits negativ entschieden worden ist. Dazu kriegt man sicher Probleme mit der Firmenleitung, da diese meist sehr verärgert reagiert, wenn man sich über interne Abläufe hinweggesetzt und seine Kompetenzen überschritten hat. Wem soll das schon helfen? Außerdem muß das der Mitarbeiter auch einsehen, daß man in solchen Situationen nur noch einen Rückzieher machen kann. Schließlich wurde man durch sein Verhalten, indem er sich nämlich an den nächsthöheren Vorgesetzten gewandt hat, in diese mißliche Lage gebracht, aus der man sich jetzt mühsam herausmanövrieren muß. Es liegt also eine Art von Notwehr vor, die dazu legitimiert, sich von gemachten Zusagen zu distanzieren. Und das verstehen auch die Kollegen. Es entsteht nicht etwa der Eindruck von Führungsschwäche, weil der Chef ein Versprechen geleistet hat, das er nun nicht einhalten kann. Es leiden in solchen Fällen auch nicht die Glaubwürdigkeit und das Vertrauen in künftige Zusagen.

Vielmehr stehen auch in solchen Situationen alle Mitarbeiter bedingungslos hinter ihrem Chef und ärgern sich über einen Querulanten, der mit seinem Karrierestreben nichts als Schwierigkeiten macht. Damit hat sich bestätigt: Die Einhaltung von Zusagen ist absolut kein Muß für die Führungskraft.

Freilich spielt es sich in der Praxis nicht immer so scharf ab, wie in der obigen Demotivations-Szene dargestellt. Meist geschieht es viel subtiler, indem etwa bestimmte verbindlich klingende, aber doch sehr allgemeine Aussagen (etwa „Wir werden mal sehen, was sich machen läßt“) nachträglich abgeschwächt werden oder gewisse Erwartungshaltungen geweckt und später enttäuscht werden. Doch darüber ließen sich eigene Bücher schreiben.

5. Auch Versprechen kann man brechen

Persönliche Notizen, Kommentare, Schlußfolgerungen:

Aufgabe 5.a. (für die Täter): Entwickeln Sie zehn gute Ausreden, um sich von Zusagen zu distanzieren.

Aufgabe 5.b. (für die Opfer): Erinnern Sie sich an eine Situation, in der Ihnen oder einem Kollegen gegenüber eine Zusage nicht eingehalten wurde, und stellen Sie kurz dar, wie Sie oder Ihr Kollege sich dafür revanchiert haben.

2. Pyramidenspiele frei nach Maslow

Dilbert, diese kleine, häßliche Comicfigur von Scott Adams, ist ein wahrer Weiser, wenngleich er in einem Punkt wirklich irrt. Nach seiner Meinung haben nämlich alle Probleme mit Sex und Papier beziehungsweise der Erfindung der Druckerpresse begonnen. Wenn es doch nur so einfach wäre! Denn auf Sex könnte man ja notfalls noch verzichten, zumindest mit dem Ehepartner. Auch die Drucker könnte man massenweise vernichten, auch wenn dies schon wesentlich schwerer fällt, denn dann könnten wir den ganzen Mist, den wir ständig im Büro produzieren nicht so leicht verteilen Doch seit der weltweiten Vernetzung kann hier wenigstens das E-Mail einspringen.

Die Situation ist aber leider viel schwieriger als Dilbert glaubt, denn die meisten Probleme haben wir dem Herrn Maslow und seiner Bedürfnispyramide zu verdanken. Und die bringen wir nicht mehr aus unseren Gehirnen. Ein Modell, das ursprünglich nur zur Erklärung menschlichen Verhaltens gedacht war, schwirrt ständig in Millionen von Managerköpfen herum, die unentwegt versuchen, diese geometrische Figur in ein Instrument zur künstlichen Willensbeeinflussung umzufunktionieren.

Und dabei verhält es sich wie bei den – sich ebenfalls zunehmender Beliebtheit erfreuenden – monetären Pyramidenspielen: Anfangs klingt alles höchst verlockend, und es funktioniert auch eine Weile ganz gut. Bis eines Tages das böse Erwachen kommt – und dieses kommt bestimmt!

Hier finden Sie eine Zusammenstellung der wichtigsten Spielarten.

Panik et circenses – lustige Spielchen mit Mitarbeitern

Der alte römische Slogan bedurfte einer kleinen Lautverschiebung. Anstatt „panem et circenses“ (Brot und Spiele) muß es heutzutage „Panik et circenses“ heißen, denn das Brot, also ein gesichertes Einkommen, wird einem längst nicht mehr garantiert. Dafür aber kann man bedingt durch die unsicheren Rahmenbedingungen sehr leicht in Panik geraten. Ich darf Sie dazu auf die Kapitel über das Mobbing verweisen. Auf andere Ursachen, wie zum Beispiel das Outsourcing, werden wir später noch genauer eingehen. Hier wollen wir uns mit dem angenehmen Teil, nämlich dem Spielen, befassen.

Genauso wie Kinder gerne mit kleinen „lebendigen Geschenken“, wie Meerschweinchen, Katzen, Singvögeln etc., erfreut werden, gibt es auch kleine „lebendige Aufmerksamkeiten“ für das Management. Am begehrtesten ist dabei wohl die Assistentin, möglichst gut aussehend und mit Universitätsabschluß. Sie dient primär der Befriedigung des Statusdenkens beziehungsweise optischer Bedürfnisse, und Perfektionisten bringen es sogar bis zu intimen Kontakten mit ihr, meist freilich nur sehr kurzzeitig.

Denn bald meldet sich das eigene schlechte Gewissen (die wenigsten Menschen sind ja in der glücklichen Lage, absolut gewissenlos zu sein): Eigentlich war es nicht richtig, das zu tun, sogar Gedanken wie die Ausnutzung eines bestehenden Abhängigkeitsverhältnisses kommen dem karrieristischen Sexprotz in den Sinn, werden aber schließlich wieder verworfen. Gleichzeitig werden alle möglichen Versuche gestartet, sich von dem Seitensprung zu distanzieren, ihn sozusagen als bloßes Mißverständnis hinzustellen. Also wird gegenüber der neuen Intimpartnerin argumentiert, daß sich die eigene Frau nun doch nicht scheiden läßt oder daß man aus Rücksichtnahme auf die Kinder die Familie nicht verlassen könne.

Dennoch tritt keine Erleichterung ein, im Gegenteil. Angstschweiß wird spürbar, erst in den Handflächen, dann in den Achselhöhlen und schließlich rinnen einige Tropfen sogar übers Gesicht. Man fühlt sich plötzlich von dieser Mitarbeiterin abhängig, glaubt sich ihr total ausgeliefert. Was ist, wenn sie plaudert? Gar nicht aus böser Absicht, einfach so unter Kollegen. Ein unbedachtes Wort genügt, und alles kann auffliegen und der Chef oder, noch ärger, die Ehefrau erfährt etwas davon. Dann steht die Ehe auf dem Spiel (das allein wäre ja noch nicht so schlimm), doch man bedenke die finanziellen Folgen! Und ohne solide Basis gerät letztlich auch die mühsam erkämpfte berufliche Position ins Wanken und die weitere Karriere in Gefahr.

Da hilft nur eines: Man muß der Geliebten Geschenke machen. Natürlich nicht vom eigenen Geld, das käme zu teuer. (Außerdem hat man sowieso Zusatzausgaben für die Ehegattin; aus Reue über die verletzliche Tat schenkt man ihr zumindest einen großen Blumenstrauß als mentales Trostpflaster.) Aber eine Gehaltserhöhung bietet sich beispielsweise an, die macht auch Freude, wird aber vom Unternehmen gezahlt.

Zieht das nicht oder zu wenig, kann man einen Karrieresprung ins Auge fassen. Eine bessere Position kann Wunder wirken und ist auch leicht zu beschaffen, man hat ja schließlich Einfluß in der Firma. (Das hat auch den angenehmen Nebeneffekt, daß man der Gespielin zeigen kann, was man für ein Kerl ist und daß man ihr weiterhin gewogen ist.)

Solche Situationen sind Motivationsquellen ersten Ranges. All das wirkt sich natürlich enorm positiv auf das Betriebsklima aus. Die Mitarbeiter freuen sich nämlich über den rasanten Aufstieg der jungen Dame und verstehen, daß sie in kürzester Zeit einiges mehr verdient als viele ihrer Kollegen (Gehälter lassen sich bekanntlich nur schwer verheimlichen). Sie haben natürlich auch mitbekommen, was zwischen den beiden Beteiligten vorgefallen ist und sind voller Freude, daß sich der Chef so richtig ausgelebt und gut amüsiert hat. Vor allem empfinden sie es angenehm, wenn er während der Affäre häufig abwesend ist, ansonsten höchst unkonzentriert arbeitet und so gut wie überhaupt nicht an den beruflichen Aufgaben seiner Abteilung interessiert ist. Dafür aber ist er stets gut gelaunt, gönnerhaft und begegnet plötzlich Fehlern von Mitarbeitern mit Nachsehen und großer Toleranz; er sieht eben alles durch die berühmte rosarote Brille. Da macht es dann auch nichts aus, wenn er nach Beendigung seines Verhältnisses wieder in seine bisherige, bekannt mürrische Art zurückfällt.

Nicht ganz so spektakulär, aber immer noch besser als gar nichts, ist der männliche Assistent. Anstelle einer Liebesaffaire muß hier ein anderes attraktives Motiv (er soll ja den Vorgesetzten „motivieren") für den Vorgesetzten herhalten: der „Idealsohn". Assistenten haben hier gegenüber leiblichen Söhnen einen enormen Vorteil: Man kann sie sich aussuchen. Während das eigene Kind erst erzogen werden muß und sich trotzdem vielleicht nicht so entwikkelt, wie man es gerne gehabt hätte, wird hier schon das fertige Produkt geliefert. Der Auserwählte wird dann noch genau um jene Details ergänzt, die zum Idealsohn noch fehlen. Dies geschieht durch „praxisgerechte Einschulung", „Coaching", „Mentorship" oder ähnliches. Durch diese Maßnahmen soll dem Kandidaten noch der letzte Schliff an der Persönlichkeit verpasst und jene Verhaltensweisen antrainiert werden, in denen er noch nicht ganz den Idealvorstellungen entsprechen sollte.

Damit ist unserem Manager jetzt doch noch der Beweis gelungen, daß es nicht an ihm lag, wenn sein leibliches Kind etwas mißraten ist oder zumindest die väterlichen Vorstellungen nicht ganz getroffen hat. Nun steht er da: der geklonte Sohn.

Auch das motiviert Mitarbeiter ungemein. Der Musterknabe bekommt alle Informationen, kann tun und lassen, was er will, und wird ständig nur gelobt. Das sehen die Mitarbeiter gerne, wenn jemand so gut behandelt und offenkundig überall bevorzugt wird. Sie freuen sich mit ihm und sind zufrieden, daß wenigstens einer das bekommt, was alle anderen auch gerne hätten.

Einen solchen „Shooting-Star“ sieht man als Chef natürlich auch gerne in der Freizeit. Man geht abends in die City auf ein Eis oder in ein „In-Lokal“, man trifft sich an den Wochenenden zum Golfen, Tennis oder Segeln.

Wichtig ist es aber, solche Wunder-Wuzzis nicht zu groß werden zu lassen, besteht doch die nicht zu unterschätzende Gefahr, daß einem derartige Typen die eigene Position ernsthaft streitig machen könnten. Daher denke man rechtzeitig daran, starre Karriereplateaus einzuführen, die diesem vorbeugen.

So etwas erfolgt am besten in Form von sogenannten „Organisationsänderungen“, die natürlich der Optik wegen auch andere Personen umfassen müssen. Dabei wird eine bestehende, funktionierende Organisation in eine neue, „innovative“ umgebaut.

Mitarbeiter fürchten solche Änderungen, denn sie beseitigen meist den letzten Rest an innerbetrieblicher Klarheit und legen oftmals die Ablauforganisation zumindest für längere Zeit faktisch lahm oder erschweren sie jedenfalls wesentlich.

Welche Möglichkeiten haben aber die bemitleidenswerten Vorgesetzten, die nicht einmal einen männlichen Assistenten haben? Auch dafür gibt es ein brauchbares Mittel: die niederen Dienste. Das sind Leistungen, die mit den betrieblichen Aufgabenstellungen nichts zu tun haben und auch dem Ehepartner nicht zugemutet werden können. Wenn man bedauerlicher Weise auch kein Hausmädchen haben sollte, verbleibt dann nur noch jemand aus dem unterstellten Team. Nachstehend eine kurze Auflistung von Möglichkeiten:

(Motivierende) Servicedienste als Vertrauensbeweis

- *Für verheiratete Vorgesetzte (Familienväter)*
  Heranziehen zu privaten Erledigungen, wie Abholen der Kinder vom Kindergarten oder von der Schule, Beaufsichtigen der Kinder, Kontrollieren der Hausaufgaben, unbezahlte Nachhilfe etc.
- *Für ledige Vorgesetzte*
  Substitution für Haushälterinnen-Tätigkeiten, wie Knöpfe annähen, Blumen gießen, Besorgungen erledigen, den PKW zum Service bringen etc.
- *Für Hausbesitzer als Vorgesetzte*
  Katze füttern, mit dem Hund spazierengehen, Reparaturen organisieren und überwachen, etc.

Böse Zyniker bezeichnen diese Untergebenen völlig unzutreffend als Sklaven der Gegenwart, mit den kleinen Unterschieden, daß nicht der Dominus für sie aufzukommen hat, sondern die Firma, und das Recht, über Leben und Tod zu entscheiden, in ein bloßes Kündigungsrecht abgewandelt wurde. Purer Schwachsinn, es bedeutet vielmehr eine echte Auszeichnung für diese Menschen (die Sklaven waren im Gegensatz dazu ja bloße Sachen), wenn sie zu privaten Serviceleistern erkoren wurden, einen großen persönlichen Vertrauensbeweis.

Derlei Arbeiten wirken natürlich unglaublich motivierend auf die damit betrauten Mitarbeiter, denn sie fühlen sich durch das Vertrauen, das man ihnen dadurch erweist, geachtet und wertgeschätzt, was sie grenzenlos ansporNt. Und Motivation überträgt sich bekanntlich, so daß auch die anderen Mitarbeiter dadurch mittelbar angetrieben werden. Der Motivationsmultiplikator beginnt zu laufen.

6. Panik et circenses

Persönliche Notizen, Kommentare, Schlußfolgerungen:

Aufgabe 6.a (für die Täter): Überlegen Sie sich fünf lustige Spiele mit Mitarbeitern.

Aufgabe 6.b (für die Opfer): Bitte beschreiben Sie, wie ein ausgenutzter „Spielball" eines Chefs zurückschlägt.

Killen mit Killerphrasen

Wer kennt sie nicht, die schwierigen Mitarbeiter, die man am liebsten täglich aufs neue erwürgen möchte? Und dann zwingt einen das Unternehmen noch dazu, mit solchen Menschen Gespräche zu führen. Das ist wirklich das letzte. Man kann mit ihnen einfach nicht diskutieren, sie sind immer in der Opposition. Sie fordern Konflikte geradezu mit Freude heraus. Sie kritisieren endlos, anstatt vor ihrer eigenen Türe zu kehren, sind nur destruktiv und bringen ständig abgedroschene Gegenargumente, die man schon nicht mehr hören kann.

Wie geht man mit solch permanentem Widerspruchsgeist um? Hier hat man nur eine einzige Chance: Man muß ihn brechen und die entsprechende Person so richtig niedermachen. Beispielsweise mit Killerphrasen. Wappnen Sie sich damit, und Sie können beim Mitarbeitergespräch gelassen ins Gefecht ziehen. Und Sie werden siegen. Hier einige Killerphrasen, die sich in der Praxis bestens bewährt haben.

- *Bei Mißerfolgen:*
  „Genau so habe ich mir das vorgestellt!“
  „Das habe ich kommen sehen.“
  „Na gratuliere, das habe ich erwartet!“
  „Wer ist dafür verantwortlich? Da müssen Köpfe rollen!“
  „Das wird Konsequenzen haben.“

- *Bei Erfolgen:*
  „Und das ist alles?“
  „Ich habe jetzt keine Zeit, erzählen Sie mir das später.“
  „Mein Gott, machen Sie nicht so ein Theater!“
  „Peanuts, da habe ich noch ganz andere Erfolge gehabt.“
  „Wenn Sie Ihre anderen Aufgaben doch auch endlich erledigen würden!“
  „Warten wir’s ab. Für mich sagt das noch gar nichts.“

- *Ganz allgemein:*
  „Herr A ist viel besser als Sie!"
  „Von Frauen kann man nicht mehr erwarten!"
  „Sie hätten studieren sollen!"
  „Aus Ihnen wird nie etwas!"
  „Machen Sie sich doch nicht lächerlich!"
  „Ich mache mir Sorgen."
  „Ihre Probleme möchte ich haben!"

Mit diesen Killerphrasen haben Sie sehr wirkungsvolle Instrumente zur Hand, mit denen Sie Ihrem Gegner richtig weh tun, ja ihn durch oftmaligen Einsatz sogar endgültig abtöten können. Aber Vorsicht, der Umgang mit Waffen will gelernt sein!

Daher ist ständiges Training mit Killerphrasen notwendig, man darf ja nicht aus der Übung kommen. Diese Statements müssen so lange trainiert werden, bis sie rein instinktiv angewandt werden. Dann wird sich der Erfolg beinahe automatisch einstellen und Sie werden selbst schwierigste Mitarbeiter zum Schweigen bringen!

Schließlich soll noch eine Sonderform des beruflichen „Killens" behandelt werden, die Intrige. Dazu nachstehend eine kurze Anleitung.

Intrigieren leicht gemacht

Sollten Sie mit den Killerphrasen nicht erfolgreich sein, was eigentlich kaum vorstellbar ist, müssen Sie zu härteren Bandagen greifen: zum Intrigieren.

Das ist natürlich ein schweres Geschoß, aber dafür um so treffsicherer. Am besten, Sie setzen falsche und ehrenrührige Gerüchte in Umlauf; beispielsweise einer Ihrer Kollegen sei schwul, oder sein Ehepartner bereichere sich am Unternehmen. Die Vorwürfe müssen sehr schwerwiegend und sollten nicht nachprüfbar beziehungsweise nur schwer widerlegbar sein. Noch eines ist wichtig. Hinterlassen Sie keine Spuren. Schieben Sie immer andere vor, und sagen Sie, Sie hätten gehört, Ihnen sei etwas vertraulich berichtet worden, Sie gäben nur das wider, „was man so sagt“ usw. Und verbreiten Sie nie selbst die üblen Behauptungen, sondern lassen Sie andere für sich arbeiten. Delegation, Sie verstehen? Erzählen Sie Ihre bösen Unterstellungen einfach jenen Personen, die im Ruf stehen, viel herumzuerzählen. Alles andere läuft dann ganz von alleine ab.

Auch das ist eine Möglichkeit, schwierige Mitarbeiter in die Knie zu zwingen. Möglicherweise erledigen sich dann gewisse Problemfälle so gründlich, daß Ihnen weitere Auseinandersetzungen für die Zukunft überhaupt erspart bleiben.

Wenn aber der Vorgesetzte für Intrigen zu wenig Zeit haben sollte, was dann? Der Nachteil von Intrigen ist, daß sie relativ viel Zeit kosten, und die ist im Banne des Lean Managements für die verbliebenen Manager bereits zur Mangelware geworden. Abschlanken hieß ja seit Jahren die Parole, so daß für derartige Aktivitäten die zeitlichen Voraussetzungen mittlerweile oft fehlen. Aber auch hier hat es eine Weiterentwicklung gegeben: das Mobbing, das im ersten Teil des Buches beschrieben wurde, versetzt das Management in die Lage, diesen Prozeß an die Mitarbeiter zu delegieren.

Außerdem ist jede Hinterhältigkeit ja viel wirksamer, wenn sie massiv von allen Seiten kommt und nicht nur top-down. Sobald ein Opfer auserkoren ist, erhält es die geballte Ladung. Je schlechter die Bedingungen des Arbeitsmarktes, desto gefährlicher wird die Meute und desto leichter wird das Mobben. Denn da sind Ablenkungsmanöver von der eigenen Verwundbarkeit von größter Wichtigkeit. Besser man schlägt sich gleich auf die Seite der Jäger, als daß man selbst zum Gejagten wird.

7. Killen mit Killerphrasen

Persönliche Notizen, Kommentare, Schlußfolgerungen:

Aufgabe 7.a (für die Täter): Bevor Sie weiterlesen, schreiben Sie 15 weitere Killerphrasen nieder.

Aufgabe 7.b (für die Opfer): Erinnern Sie sich, wie Sie die „Leidende"/den „Leidenden" gespielt haben und wie lange und wodurch Sie Ihr Chef als Wiedergutmachung für „Killerphrasen" trösten mußte. (Zu gratulieren ist Ihnen, wenn Sie daraus auch mehrere „pekuniäre Trostpflaster" herausholen konnten!)

8. Intrigieren leicht gemacht

Persönliche Notizen, Kommentare, Schlußfolgerungen:

Aufgabe 8.a (für die Täter): Überlegen Sie, welchen Mitarbeiter Sie am wenigsten leiden können und welche Intrige Sie gegen ihn in Umlauf setzen werden.

Aufgabe 8.b (für die Opfer): Mitunter kann es auch für notorisch Leidende erfrischend sein, sich vorübergehend auf die Täterseite zu schlagen. Beschreiben Sie daher, wie Sie in einer Intrige vom „Opfer“ zum „Täter“ wurden und sich an Intrigen beteiligt haben (Motto: „Das Opfer schlägt zurück“).

High Tech Entertainment

Aber gibt es auch innerbetriebliche Spielmöglichkeiten für Personen, die entweder keine Mitarbeiter haben oder ihnen lieber aus dem Wege gehen? Keine Angst. Es gibt sie.

Wie können sich nun diese immer wieder anzutreffenden, hartnäkkig überzeugten „Einzelkämpfer" amüsieren?

Auch ihnen kann geholfen werden. Hier springt Gott sei Dank die Technik ein, die mit Erfindung des PCs, der zu einem überaus beliebten Spielzeug für Erwachsene geworden ist, die Grundlage dazu geschaffen hat.

Manche Vorgesetzte, vor allem solche, die sich in zwischenmenschlichen Belangen eher schwer tun, verschanzen sich gerne oft den ganzen Tag hinter ihrem Computer.

Anstatt mit ihren Mitarbeitern zu kommunizieren, befassen sie sich lieber den ganzen Tag mit dem „Blechtrottel", sie loben ihn, wenn er schöne, bunte Graphiken gestaltet, sie schimpfen und tadeln ihn, wenn er – aus ihrer Sicht – Fehler macht, die sie in Wahrheit ja selbst verursacht haben. Der PC-Freak ist als Vorgesetzter nicht unproblematisch, weil ihm die Beschäftigung mit den EDV-Problemen wichtiger ist als die Leitung seiner Abteilung.

Der Computer ist damit geradezu ein ideales Medium für kommunikations- und führungsschwache Vorgesetzte. Während sich die Reaktion von Mitarbeitern nämlich nie mit Sicherheit präzise voraussagen läßt, ist der PC absolut berechenbar. Man kann stundenlang mit ihm spielen, und er ermüdet nicht und setzt sich auch nicht zur Wehr, was man ihm auch antun mag. Während man bei Menschen aufpassen muß, was man ihnen sagt, und solches auch nicht mehr ungesagt machen kann, ist dies beim Computer überhaupt kein Problem: Man drückt einfach die Löschtaste, und weiter geht's.

Die Technik hat aber noch einen weiteren Leckerbissen hervorgebracht: das Handy. Kommunikation im GSM- oder D-Netz ersetzt weitgehend die Auseinandersetzung face to face. Und sollte es einmal während eines Telefonats kritisch werden, ist ohnedies der Empfang bald unterbrochen oder der Akku leer (das kann man zumindest vortäuschen). So kann man immer unterbrechen, wenn man etwas nicht hören will oder keine Antwort parat haben sollte.

Das mag einer der Gründe sein, warum viele Chefs vom „vollautomatisierten Büro" träumen, was wohl im Klartext ein Büro ohne Mitarbeiter bedeutet. Unser fortschrittliches Kommunikationszeitalter bereitet in Wahrheit der Kommunikation ihr Ende. Echte Kommunikation inter praesentes wird immer seltener und weicht einer hochtechnisierten Pseudokommunikation. Man verkehrt via Handy, E-Mail und Anrufbeantworter, „surft" im Internet oder anderen Netzwerken usw. Und man braucht die Nachricht oft gar nicht mehr in eigene Worte zu fassen, sondern greift einfach auf vorformulierte, standardisierte Textbausteine zurück.

Auf der Gefühlsebene läuft da nicht mehr viel, weil die Reaktionen ständig gefiltert werden. Es lebe die neue Sachlichkeit im Kommunikationszeitalter!

Zock around the clock

Eine wesentlicher Knackpunkt liegt meines Erachtens in der Betrachtung von Leistung und Motivation überhaupt. Ein permanent hohes Leistungsniveau und Motivation als Voraussetzung dafür soll ein Dauerzustand sein. Und nicht nur das, idealerweise soll dieses extrem hohe Niveau laufend noch weiter angehoben werden. Ad infinitum. So wird es von den Mitarbeitern erwartet. Und die Erwartungshaltung bei den Vorgesetzten besteht darin, diesen Prozeß zu fördern, der daneben noch auf institutionelle Weise, wie durch die „lernende Organisation", Qualitätszirkel, Projektaufgaben etc. unterstützt werden soll. Soweit also ein ganz schlüssiger Gedanke.

Das Problem dabei: Die Leistung kann nur auf einem mittleren Niveau andauernd konstant gehalten werden. Sicherlich gibt es hier eine gewisse Bandbreite, die möglicherweise beeinflußbar ist. Es bleibt aber doch bei mehr oder weniger guten Durchschnittsleistungen. Spitzenleistungen wird man auf Dauer nicht erreichen.

Kein menschlicher Organismus ist in der Lage, solche Höchstleistungen permanent zu erbringen. Diese sind nur in einer speziellen, jedenfalls ganz anderen Arbeitsatmosphäre zu erzielen. Denken wir beispielsweise an Spitzensportler: Die Kondition wird konsequent aufgebaut, die Leistung kontinuierlich gesteigert, bis für eine ganz kurze Zeit echte Rekorde erbracht werden. Phasen höchster Konzentration und Anstrengung stehen dann wieder angemessenen Ruhe- und Erholungsphasen gegenüber.

Viele Unternehmen versuchen, das offensichtlich (?) unter den Erwartungen liegende Leistungsniveau durch exzessive Verlängerung der Tagesarbeitszeit beziehungsweise durch Ausweitung auf die Wochenenden zu steigern. Dies geht freilich zu Lasten des Privatlebens, zu Lasten der Familie, aber auch zu Lasten kreativer Nachdenkphasen und der Konzentration. Das Berufsleben wird zu einem einzigen Kampf gegen die Stechuhr.

Oder ist es das schlechte Gewissen mancher Manager, die ein Mißverhältnis zwischen der Höhe ihres Einkommens und dem Gegenwert ihrer Leistung für das Unternehmen sehen? Ich behaupte nicht, daß es überhaupt nicht möglich ist, in dieser Weise längerfristig zu arbeiten. Die Frage ist aber, ob es wirklich notwendig und tatsächlich auch sinnvoll ist. Jedenfalls geht es zu Lasten der Kreativität, möglicherweise auch der Qualität. Arbeiten wird gewissermaßen zum Selbstzweck.

Andererseits wird immer mehr Kreativität von den Mitarbeitern gefordert. Doch wie soll diese in einer solchen Arbeitsatmosphäre entstehen? Denken Sie an einen Künstler, der jeden Tag um 6.30 Uhr früh in sein Atelier rast, dort bis 21.00 Uhr (oder länger) ausharrt und dabei ständig geniale Ideen haben soll. Undenkbar!

Daher mein Aufruf an die Führungskräfte: Messen Sie weniger die Arbeitszeit, sondern bewerten Sie vor allem den Output – und dies nicht bloß in quantitativer, sondern primär in qualitativer Hinsicht.

Sicherlich erfordert es mehr Sachverstand von Vorgesetzten, die Leistung ihrer Mitarbeiter inhaltlich zu beurteilen. Da ist es schon wesentlich einfacher, auf die Uhr zu sehen und den Fleiß zu belohnen. Außerdem dürfte es auch für viele Chefs wesentlich leichter sein, in zeitlicher Hinsicht der von ihnen verlangten Vorbildwirkung nachzukommen als in fachlicher oder gar aufgrund ihrer Führungsleistung. Und damit beginnt der Kampf gegen den Stundenzeiger, der Wettbewerb, wer am längsten im Büro ausharrt.

Dies ist übrigens nichts Neues, sondern hat unter dem Motto „Licht im Kreml" schon eine lange historische Tradition. Hier werden alle auch nur erdenklichen Möglichkeiten ausgeschlachtet: die Nächte, die Wochenenden und die Feiertage. Selbst im Urlaub wird laufend Kontakt mit dem Büro gehalten, um für sich selbst und die anderen den Eindruck zu erwecken, man sei unentbehrlich. Dieser Kampf um die längste Anwesenheit wird unerbittlich geführt, ohne Rücksicht auf die Effizienz. Aus der Sicht der Vorgesetzten aber absolut verständlich: Er ist immer noch leichter zu gewinnen als der Kampf um die beste Leistung.

3. Vertrauen ist schlecht, Kontrolle ist besser

„Nachdem die Führung ausländischer akademischer Titel in Österreich, auch nach dem Beitritt zur EU, nicht automatisch gestattet ist, rege ich an, speziell für die Herren NN. und MM. Erkundigungen einzuholen, unter welchen Voraussetzungen entsprechende akademische Titel geführt werden dürfen. Rechtsgültige Auskunft kann wahrscheinlich Hr. Dr. Grünberger vom Wirtschaftsministerium geben oder bei notwendiger Nostrifizierung die zuständige Fachhochschule in Österreich. Ich danke für Ihre Mühe im Namen der betroffenen Herren."

Soweit der Originaltext (lediglich die Namen wurden weggelassen bzw. geändert) eines internen Schriftstücks, das ein Revisor an die Personalabteilung eines internationalen Konzerns sandte. Ein toller Bursche, dieser Revisor. Worum der sich alles kümmert. Selbst die Legitimierung der Titelführung ist ihm ein Anliegen!

Sie kennen sicherlich das Sprichwort „Vertrauen ist gut, Kontrolle ist besser". Ich habe mir daran, wenn Sie gestatten, eine kleine, aber notwendige Richtigstellung erlaubt: Was soll denn an Vertrauen gut sein? Der Vertrauende handelt ja stets aufgrund eines bloßen Gefühls, er vertraut eben auf gewisse (vage) Umstände – und das in unserem rationalen Zeitalter! Schon das Wort „Vertrauen" sollte uns stutzig machen, hat es doch wie die meisten Wörter mit der Vorsilbe „Ver" einen negativen Beigeschmack, ähnlich wie Vergehen, Verbrechen, Verirren, Verzweiflung etc.

Um es noch deutlicher zu sagen: Im Berufsleben muß man sich (selbst) *trauen*, aber nicht (jemand anderem) *ver-trauen*. Wenn überhaupt, kann Vertrauen im Privatleben Platz haben, aber doch nicht bei der Arbeit, wo jeder gegen jeden agiert. Dort muß man sich trauen, aber nicht vertrauen!

Zum Glück ist die falsche Wertung in diesem Sprichwort durch dessen zweiten Absatz zumindest einigermaßen entschärft: Kontrolle ist auf jeden Fall besser als Vertrauen. Dem kann man zustimmen.

Arbeitnehmer müssen sich der Kontrolle immer bewußt sein, sonst werden sie übermütig. Die Kontrolle muß sozusagen allgegenwärtig sein. Die Mitarbeiter haben ja überhaupt nichts gegen Kontrolle, sie empfinden sie meist als selbstverständlich oder erwarten sie geradezu, ist doch Kontrolle eine wichtige Führungsaufgabe. Während in Kleinbetrieben die Kontrolle durch den Vorgesetzten selbst erfolgen muß, leisten sich größere Unternehmen dazu eine eigene Revisionsabteilung. Auch das akzeptieren die Mitarbeiter gerne. Sie kritisieren natürlich auch nicht, wenn jede einzelne Spesenabrechnung überprüft wird (ein Vorgang, der ein Vielfaches dessen kostet, was er gelegentlich bringen könnte), auch wenn sie dadurch lange warten müssen, bis sie ihren Spesenersatz überwiesen bekommen. Es untergräbt auch nicht die Autorität von Vorgesetzten, wenn ein Revisor genehmigte Spesenabrechnungen noch richtigstellt und nachträglich „adaptiert" (soll heißen: kürzt).

Revisoren haben's ja wirklich schwer. Es ist einfach zum Verzweifeln: Ist das Kontrollnetz auch noch so engmaschig, immer wieder rutscht etwas durch. Leider stößt ab einer gewissen – und durchaus kleinen – Dimension die Totalüberwachung der Arbeitnehmer an ihre Grenzen. Weniger, daß sich daraus ein konkreter Schaden ergeben würde, es geht vielmehr um die Tatsache der verbleibenden Lückenhaftigkeit an sich, die schlaflose Nächte bereitet. Ungewollte Konsequenzen sind ohnedies meist schon durch die Systeme selbst ausgeschlossen, die darauf ausgelegt sind, Mißbräuche bereits ex ante zu verhindern, beispielsweise durch bargeldlosen Zahlungsverkehr, durch kontinuierliche Ablieferung der Tageslosung oder die Eingrenzung von Bankzeichnungsberechtigungen, kurz durch Einschränkung von Befugnissen aller Art.

Das Manko liegt aber in der Unmöglichkeit vollständiger Ex-post-Kontrolle. Die Tausender in der Kasse mögen ja noch stimmen, aber stimmen auch die Groschen? Doch alle Groschen in allen Kassen kann man einfach nicht kontrollieren, man muß sich auf Stichproben beschränken.

Ein mir bekannter Revisor ist einmal auf einen zuviel verrechneten Kilometer eines Außendienstmitarbeiters gestoßen, sein Einsatz hat sich also gelohnt. Doch wieviele Kilometer entgehen ihm? Wieviele fließen unentdeckt in die Spesenabrechnung ein und werden ausbezahlt? War die Dienstreise nicht in Wahrheit ein Vergnügungstrip mit der Ehefrau? Oder vielleicht gar mit der Freundin? Quälende Fragen.

Oft werden Revisoren von den leitenden Angestellten nicht so richtig ernst genommen und leiden dann unter einer faktischen Ohnmächtigkeit. Sie zeigen Unregelmäßigkeiten auf, doch die Konsequenzen bleiben aus. Was soll man davon halten? Ein Fehler in der Spesenabrechnung kann dank der akribischen Überprüfungstätigkeit nachgewiesen werden, doch nichts geschieht. Der Vorgesetzte gibt die Auszahlung trotzdem frei, wenngleich auch korrigiert, doch weiter passiert nichts: keine fristlose Entlassung, keine Verwarnung, keine sonstige Disziplinarmaßnahme. Ein bescheidenes Ergebnis, ein zweifelhafter Erfolg für einen dienstbeflissenen Revisor. Da kommen einem überkorrekten Kontrollor schon hin und wieder argwöhnische Gedanken in den Sinn: Ist der Vorgesetzte kein „Law and Order"-Mann oder hat er gar etwas zu verbergen? Vielleicht stecken die beiden am Ende etwa gar unter einer Decke und teilen sich die Beute?

Die Argumentation des Chefs „Mein Mitarbeiter wird sich halt geirrt haben. Ich habe Vertrauen zu meinen Leuten!" kann nicht überzeugen. So spricht jemand, der mehr weiß. Oder der zumindest so oberflächlich ist, daß er aus eben diesem Grund als Vorgesetzter untragbar ist. Zum Glück gibt es aber auch noch Vorgesetzte, die hart durchgreifen. Die den Mitarbeiter so richtig zur Schnecke machen. So gehört es sich. Und vor allem muß jetzt der unwiderrufliche Vertrauensentzug für die Zukunft erfolgen. „Ich habe das Vertrauen in Euch alle verloren", das waren aus einem nichtigen Anlaß die Worte eines bekannten Generaldirektors zu seiner Führungsmannschaft, die monatelang ohne Rücksicht auf Freizeit und Familie erfolgreich an der Sanierung eines Unternehmens gearbeitet hat. Das ist Musik in Revisorenohren!

9. Vertrauen ist schlecht, Kontrolle ist besser

Persönliche Notizen, Kommentare, Schlußfolgerungen:

Aufgabe 9.a (für die Täter): Überlegen Sie sich drei Mitarbeiter, die Sie künftig vermehrt kontrollieren werden.

Aufgabe 9.b (für die Opfer): Beschreiben Sie, wie es Ihnen gelungen ist, neu eingeführte Kontrollmechanismen bewußt zu unterlaufen, indem Sie eine verbotene Handlung einfach deshalb umgesetzt haben, um zu beweisen, daß Sie gescheiter sind als die Regelsetzer!

4. Trotz Fleiß kein Preis – Geld ist kein Motivationsfaktor

Glauben Sie ja nicht, daß Sie mit Prämien die Leistungsbereitschaft fördern können. Hier muß endlich aufgeräumt werden mit diesem weitverbreiteten elementaren Irrtum. Geld ist nämlich kein Motivations- sondern nur ein Hygienefaktor. Das erkärt alles. „Motivationsprämien“ sind daher ein Widerspruch in sich. Zahlen Sie folglich nur Fixgehälter, gleichgültig ob Erfolg oder Mißerfolg vorliegt, und zahlen Sie auf keinen Fall mehr, wenn ein Mitarbeiter deutlich mehr geleistet hat oder leisten soll als üblicherweise zu erwarten ist. Nichts als rausgeschmissenes Geld!

Glauben Sie auch nicht, daß Sie etwa einen Kundenbetreuer dadurch zu Mehrleistungen anspornen können, daß Sie ihm eine Erfolgsprovision in Aussicht stellen.

Dies steht auch nicht etwa im Widerspruch zu der Forderung nach unternehmerischem Denken. Gehen Sie nicht davon aus, daß Sie jemanden dadurch zu unternehmerischem Verhalten veranlassen können, indem Sie sein Gehalt variabel gestalten. Wie aber sonst bleibt freilich eine offene Frage, auf die wir hier nicht näher eingehen können.

Wir halten also fest, daß man zusätzliche Leistung nicht durch Gestaltung der Entlohnung erreichen kann. Das ist die negative Seite dieser Einsicht.

Gott sei Dank gibt es aber auch eine positive Seite: Sie brauchen übermäßig engagierte Mitarbeiter nicht dadurch zu höher gesteckten Zielen zu leiten, daß Sie Prämien ausloben oder gar zahlen. Sie brauchen die Mehrleistung nur zu verlangen. So einfach ist das. Und Sie haben sich völlig sinnloser Weise über ausgeklügelte Entlohnungssysteme den Kopf zerbrochen. Geben Sie doch zu, daß Sie sich „Was soll das?“ gedacht haben, als Ihnen seinerzeit Ihr Chef eine Prämie versprochen hat. Sie wollten dieses Geld doch gar nicht bekommen. Und so denken auch andere. Nachdem sie zusätzliches Geld nicht wollen, sind sie dadurch auch nicht zu motivieren. Sie wollen nur Anerkennung, aber Geld lehnen sie ab. Auch Unternehmer denken so. Sie wollen nur bei ihren Kunden geschätzt sein, eine Optimierung ihres Gewinnes liegt ihnen fern. Vor allem große, international erfolgreiche Konzerne haben auch nur dieses eine edle Ziel. Daher kann man auch deren Mitarbeiter nicht durch finanzielle Anzeige locken.

Daß Bonuszahlungen nicht erforderlich sind, zeigt sich beispielsweise auch deutlich an den Beamten. Sie steigern kontinuierlich ihre Leistungen, obwohl sie nur Fixgehälter beziehen. Eigenartigerweise haben Experten, Consultants, Unternehmensberater, wie auch immer sie sich sonst noch nennen mögen, jedenfalls Leute, die die dargestellten Theorien vertreten, davon für ihre eigene Vergütung nicht viel übrig. Ganz im Gegenteil, die Gagen steigen ins Unermeßliche. Consulting-Fees von mehreren Tausend Dollar pro Monat sind durchaus keine Seltenheit, auch für Vorträge durch sogenannte „Gurus" werden extreme Summen anstandslos bezahlt. Warum eigentlich?

Oder denken wir an Popstars und Spitzensportler, eine besonders glückliche Spezies, haben sie doch ihre persönlichen Neigungen und Interessen zu ihrem Beruf machen können. Trotz Erfolg und Anerkennung, manche werden ja geradezu vergöttert, verrechnen sie astronomische Gagen in unvorstellbarer Höhe.

Holen wir uns doch den Michael Jackson um 1.500 US-Dollar plus Reisekostenersatz für einen Tag zu einem Auftritt nach Wien (dies entspricht durchaus einem Monatsbezug, von dem viele von uns nur träumen können). Und wir zahlen Millionen dafür. Völlig sinnlos, oder?

10. Trotz Fleiß kein Preis

Persönliche Notizen, Kommentare, Schlußfolgerungen:

Aufgabe 10.a. (für die Täter): Listen Sie alle Mitarbeiter auf, deren Leistungsprämie Sie sofort widerrufen werden.

Aufgabe 10.b. (für die Opfer): Beschreiben Sie Ihre Technik, wie Sie sich Ihrer Meinung nach Ihnen zustehendes Geld, das man Ihnen nicht ausbezahlt hat, schließlich doch „geholt" haben.

5. Innere Kündigung total – Outsourcing als innerliche Massenhinrichtung

Räumen Sie so richtig auf!

Wir haben bisher bereits einige wichtige Demotivationsinstrumente kennengelernt. Sie hatten alle bloß einen großen Nachteil: Sie bezogen sich immer nur auf eine beschränkte Anzahl von Arbeitnehmern und waren damit von lediglich eingeschränkter Wirkung und geringer Effizienz. Wie aber schafft man es, eine größere Gruppe von Menschen gleichzeitig zu demotivieren? Dies ist geradezu eine Notwendigkeit für Großunternehmen und multinationale Konzerne. Würde man hier einzeln pro Mitarbeiter vorgehen, würde das viel zu schleppend und langsam gehen. Gott sei Dank ist hier eine äußerst wirkungsvolle Waffe entwickelt worden, das Outsourcing. Die Ausgliederung an sich wäre auch noch nicht effektvoll genug, würde man sie nicht gezielt als Demotivation einsetzen und mit geeigneten Begleitmaßnahmen versehen. Hier daher einige Grundregeln für professionelles Outsourcing:

Outsourcing – Masterplan

1. Verkünden Sie Ihre Outsourcing-Absichten so frühzeitig wie möglich, jedenfalls aber lange bevor die ersten Realisierungsschritte tatsächlich eingeleitet werden.
2. Lassen Sie keinen Bereich bei Ihren Ausgliederungsplänen aus. Kündigen Sie an, daß möglichst viele Bereiche ausgelagert werden sollen, ohne sie konkret zu benennen.
3. Gehen Sie schrittweise und über alle Bereiche gleichmäßig verteilt vor, zum Beispiel Ausgliederung der Buchhaltungen einzelner Tochtergesellschaften, Ausgliederung des Marketings, Ausgliederung der Lohn- und Gehaltsverrechnung oder der Personalentwicklung aus der Personalabteilung, Ausgliederung der Werbeabteilung unter (vorläufigem) Verbleib der Public-Relations-Abteilung.

4. Informieren Sie Ihren Betriebsrat möglichst spät und immer nur häppchenweise. Geben Sie ihm ja kein Gesamtkonzept bekannt.
5. Lassen Sie sich bei der Realisierung niemals auf Vorschläge Ihres Betriebsrates ein, sondern stellen Sie dessen Vorsitzenden in der Belegschaft ruhig als einen Verhinderer hin, der nicht fähig ist, Ihre Zielsetzungen zu verstehen.
6. Ignorieren Sie Auswirkungen auf Kunden und deren Reaktionen.
7. Ziehen Sie Ihre Vorhaben auch gegen den vehementen Widerstand Ihres Betriebsrates konsequent durch. Lange Verhandlungen kosten Zeit und verzögern nur eine ohnehin schon beschlossene Sache.

Wenn Sie so vorgehen wie beschrieben, wird sich die erwartete Auswirkung auf die Motivation der Mitarbeiter geradezu von selbst einstellen. Diese werden nämlich froh sein, wenn es vorerst nur andere Kollegen trifft. Aus dem Bewußtsein, selbst nicht betroffen zu sein, schließt der Mitarbeiter logischerweise auf die Wertschätzung seiner Leistung und Sicherheit seiner Position. Wohl empfindet er Mitleid mit den betroffenen Kollegen, doch es überwiegt die Genugtuung, nicht selbst entlassen zu werden.

Wenn dann der nächste und übernächste Kollege drankommt, wird dieses Gefühl immer stärker, man kommt sich selbst immer wichtiger und unentbehrlicher vor. Kommt man schließlich doch selbst dran und wird man infolge Auslagerung weggeschickt, empfindet man es dann desto weniger schlimm, je länger man durchgehalten hat. Man ist dann eher stolz darauf, so lange ausgeharrt zu haben, daß man zu den „letzten Mohikanern" zählen darf. Solidaritätsaktionen sind nicht zu befürchten. Sie gehören der Vergangenheit an und sind schon längst aus der Mode gekommen.

Außerdem: Je mehr Angst man um den eigenen Arbeitsplatz hat, umso weniger interessieren einen die anderen. Wenn nämlich die Freude an der Tätigkeit aufgehört hat, muß ein anderer Motivator her: die Angst, einer der besten Motivatoren überhaupt. Denken wir nur etwa an den Krieg. Aus Angst, getötet zu werden, können sich manche sogar dazu überwinden, andere zu töten!

So weit müßte man auch im Betrieb kommen. Alles Unangenehme würde von selbst passieren. Nicht das Management müßte Rationalisierungsmaßnahmen überlegen, die Mitarbeiter würden es tun, und zwar laufend. Rationalisierung als perpetuum mobile! Und wenn man erst bedenkt, welche Kreativität über den Wegfall von Arbeitsplätzen dadurch freigesetzt werden könnte! Die „lean organization“ würde ganz von selbst entstehen.

Die Geschicklichkeit, mit der Großunternehmen, vor allem internationale Konzerne, bei Auslagerungen agieren, ist schon bewundernswert. Ohne Rücksicht auf die regionalen Gegebenheiten wird nicht ausgegliedert, was Sinn machen könnte, sondern das, was das Headquarter wünscht und zur „Konzernstrategie“ erklärt hat. Bisweilen steht diese Strategie aber auf durchaus fragwürdiger Basis, wenn man die Erfordernisse der lokalen Märkte betrachtet.

Treten beispielsweise junge, ehrgeizige Mitarbeiter in die Konzernzentrale ein, finden sie dort eine optimale Spielwiese vor, wo sie ambitionierte Ideen entwickeln können, die dann gnadenlos ihren Lauf durch die weltweiten Tochtergesellschaften nehmen. Sie müssen dort umgesetzt werden, koste es, was es wolle. Erfolgreich ist dann nicht der Country-Manager, der größtmögliche Rücksicht auf die Erfordernisse des regionalen Marktes nimmt, sondern jener, der die gewünschte Linie am schnellsten umgesetzt hat. „Auftrag ausgeführt“ lautet die erwartete Meldung. Dabei ist unerheblich, wie viele Mitarbeiter damit beschäftigt sind, die negativen Begleiterscheinungen zu neutralisieren beziehungsweise zu mildern. Auch ein dadurch entstehender beachtlicher Mehraufwand wird einfach übergangen. Hauptsache, es rechnet sich auf dem Papier – und auf dem Papier rechnet sich bekanntlich bald etwas!

11. *Innere Kündigung total – Outsourcing als innerliche Massenhinrichtung*

Persönliche Notizen, Kommentare, Schlußfolgerungen:

Aufgabe 11.a (für die Täter): Entwickeln Sie einen Outsourcing-Stufenplan für das gesamte Unternehmen, und präsentieren Sie diesen derart, daß die Mitarbeiter so richtig Angst bekommen!

Aufgabe 11.b (für die Opfer): Wie „bedanken" sich Outsourcing-Opfer? Wenn Sie bereits das Unternehmen verlassen mußten, haben Sie natürlich nicht mehr viele Möglichkeiten, vielleicht fallen Ihnen aber doch welche ein. Denken Sie aber vor allem zurück an Ihr Verhalten in den letzten Wochen im Unternehmen. Ich kann mir vorstellen, daß Sie da bessere Gelegenheiten hatten (zum Beispiel Bemerkungen zu Kunden oder anderen, nicht betroffenen Mitarbeitern, die danach ebenfalls demotiviert waren). Bitte beschreiben Sie diese!

6. Ignorieren statt informieren: Das Informations-Inferno

Mitarbeiter: „Ist es richtig, daß wir unseren großen Kunden DUMMIX verloren haben?“

Chef: „Natürlich ist es richtig, das wissen Sie doch. Das ganze Unternehmen redet ja davon.“

Mitarbeiter: „Wenn ich das früher erfahren hätte, hätte ich vielleicht noch etwas versuchen können.“

Chef: „Sie versuchen? Daß ich nicht lache! Sie werden doch wohl nicht im Ernst annehmen, daß Sie dort nur die leiseste Chance gehabt hätten. Sogar ich und der Geschäftsführer sind dort abgeblitzt.“

Mitarbeiter: „Das mag ja sein, aber der dortige Einkaufschef ist ein guter Freund von mir, wir haben gemeinsam Abitur gemacht.“

Chef: „Ach so? Warum haben Sie denn das nicht schon früher gesagt? Da wäre es ja viel besser gewesen, wenn Sie mit ihm über unsere Lieferprobleme gesprochen und einen neuen Vertrag ausgehandelt hätten.“

Mitarbeiter: „Natürlich, zumal er mir jetzt gesagt hat, daß wir DUMMIX als Kunden hauptsächlich deshalb verloren haben, weil wir ihn durch unseren Außendienst viel zu wenig betreut haben. Dann ist noch hinzugekommen, daß wir meinen Freund, obwohl er dafür zuständig gewesen wäre, einfach übergangen haben und nur mit dem Geschäftsführer gesprochen haben. Ich hätte gerne mit ihm verhandelt, aber ich habe erst davon erfahren, als es schon zu spät war. Ich weiß über die wichtigen Dinge einfach zu wenig.“

Chef: „Aber das liegt nur an Ihnen. Informationen muß man sich beschaffen, das sind Holschulden.“

Mitarbeiter: „Das sehe ich aber anders. Hier erfährt man ansonsten doch viel unwichtigere Dinge, aber über Wichtiges hört man nichts.“

Chef: „Auch wenn Sie es anders sehen, ist es so. Ich kann doch nicht jedem Mitarbeiter nachlaufen und ihn mit Informationen füttern. Außerdem haben wir doch unsere Firmenzeitung.“

Mitarbeiter: „Ja, schon. Aber erstens erscheint die Firmenzeitung nur dreimal im Jahr, und da sind die meisten Dinge, die darin berichtet werden, bereits gelaufen. Und außerdem schreiben die doch nur über Erfolge."

Chef: „Ach, aufgelegter Unsinn! Die schreiben nicht nur über Erfolge, sie schreiben über alle relevanten Tatsachen. Natürlich muß man Erfolge ausführlicher berichten. Sie verstehen leider nichts von modernem Informationsmanagement, sonst würden Sie eine so dilettantische Behauptung gar nicht erst aufstellen."

Mitarbeiter: „Ich verstehe vielleicht nichts von modernem Informationsmanagement, aber vor allem verstehe ich nicht, wieso wir jetzt auch für den Export zuständig sind und davon erst aus einem Informationsrundschreiben erfahren mußten. So etwas hätte man doch vorher mit uns absprechen müssen. Wir wissen gar nicht, wie das gehen soll. Das wird enorme Probleme machen."

Chef: „Dann überlegen Sie sich was! Ich brauche keine Leute, die Probleme sehen: ich brauche Leute, die Probleme lösen. Sonst sind Sie hier fehl am Platz!"

Mitarbeiter: „Das Problem haben Sie gemacht. Sie werden ja zugestimmt haben, sonst hätte man eine solche Organisationsänderung nicht machen können. Und Sie haben uns nicht einmal davon informiert!"

Chef: „Also gut, dann informiere ich Sie jetzt: Wir sind ab sofort auch für den Export zuständig. Was ist daran schlecht, wenn wir mehr Kompetenzen kriegen? Das wertet bloß unsere Abteilung auf!"

Mitarbeiter: „Das mag ja sein, trotzdem gefällt es mir nicht, so etwas erst aus einem Rundschreiben erfahren zu müssen."

Chef: „Ob es Ihnen gefällt oder nicht, es ist jetzt so. Auch ein Rundschreiben ist ein geeignetes Informationsmedium. Ich hätte viel zu tun, wenn ich alle Mitarbeiter persönlich informieren müßte."

Mitarbeiter: „Nicht alle Mitarbeiter, aber wenigstens die, die es betrifft. Da wird man vor vollendete Tatsachen gestellt, ohne eine Vorinformation erhalten zu haben. Alle reden schon davon, nur die Betroffenen wissen nichts."

Vorgesetzter: „Ach was, Sie können immer nur nörgeln. Sie haben sich oft darüber beklagt, daß die Informationsmeetings zu viel Zeit kosten. Und jetzt jammern Sie darüber, daß Sie nicht informiert werden. Nie ist es Ihnen recht. Ich sage Ihnen etwas: Von mir erfahren Sie überhaupt nichts mehr. Ich werde Sie überhaupt nicht mehr informieren. Klar? Selbst Rundschreiben werden Sie nicht mehr erhalten. Sie können ohnehin immer nur Ihre ätzenden Kommentare abgeben. Und auf die kann ich verzichten. Ende der Durchsage!"

Was wollen sie denn nicht noch alles wissen, die Mitarbeiter? Man sagt ihnen alles, was für sie interessant sein könnte, und trotzdem ist es zu wenig. Immer fühlen sie sich nicht ausreichend informiert.

Wie man es macht, ist es falsch. Informiert man zu viel, besteht die Gefahr, daß Dritte etwas erfahren, die es gar nichts angeht oder die ihr Wissen sogar absichtlich zum Nachteil des Unternehmens nutzen. Informiert man zu wenig, können Mitarbeiter ihre Ideen nicht genügend in Projekte, in die Entwickungsarbeit oder in Veränderungsprozesse einbringen.

Und dann die Tücken der Interpretation! Ständig werden Inhalte anders wiedergegeben, als man sie berichtet hat. Entweder wird dabei Wichtiges weggelassen oder etwas Neues hinzugefügt. Sofort beginnt die Gerüchteküche zu brodeln. Und am Ende kommt etwas ganz anderes heraus, als man ursprünglich gesagt hat.

Freilich kann man sich diese Erkenntnisse als Manager auch zunutze machen, indem man Informationskanäle anderweitig nutzt und etwa gezielt Gerüchte verbreitet. Placiert man etwa bestimmte Statements bei gewissen Personen, kann man sicher sein, daß in kürzester Zeit ein großer Adressatenkreis davon Kenntnis erlangt. Auf diese Weise kann man ganz wunderbar Intrigen spinnen. Davon haben wir bereits gehört.

Im allgemeinen ist das Informationsmanagement aber nach wie vor ein ungelöstes Problem. Wieviel man auch sagt, es ist stets zu wenig. Es werden regelrechte Schlachten geschlagen im betrieblichen Informationskrieg. Und als Manager kann man dabei nur verlieren. Da hilft oft nur mehr ein Rückgriff auf die einzige Wunderwaffe, die hier noch möglich ist, das Ignorieren. Ignorieren Sie ganz einfach die Informationswünsche, und sagen Sie gar nichts!

Dies ist Ihre einzige Chance, wie Sie diesen Kampf gewinnen können. Weichen Sie – gewissermaßen wie ein Guerillakämpfer – immer den Informationsbedürfnisinitiativen Ihrer Mitarbeiter und Ihrer Betriebsräte aus, und sagen Sie entweder nur Allgemeines, womit Ihre Gesprächspartner nichts anfangen können, oder vertrösten Sie sie immer wieder, bis sie es schließlich aufgeben. Oder wollen Sie, daß man Sie festnagelt, weil Sie irgendwann einmal irgend etwas gesagt haben, was Ihnen dann Jahre später völlig entstellt, sinnentfremdet und aus dem Zusammenhang gerissen vorgehalten oder im Extremfall gegen Sie verwendet wird?

Natürlich können Sie in diesem Falle auf Grundregel 1 („Auch Versprechen kann man brechen") zurückgreifen, aber muß das wirklich sein? Da ist es doch wesentlich einfacher, Informationswünsche von vornherein zu übergehen.

Außerdem geben Sie doch sicher Pressekonferenzen. Dann erfahren es die Mitarbeiter ohnehin aus der Zeitung. Und sollten sie Informationen vorher bekommen, besteht die Gefahr, daß sie es am Ende gar selbst der Presse zuspielen, und der Infomationsfluß gerät gänzlich außer Kontrolle. Zumindest aber fällt dann der Überraschungseffekt weg, weil Ihre Mitarbeiter in der Zwischenzeit bereits etwas weitererzählt haben, wodurch auch Vertrauliches an Journalisten durchgesickert sein könnte.

Im schlimmsten Fall könnten Sie dadurch sogar unangenehme Fragen vor laufender Kamera geradezu provozieren. Viel zu riskant! Auf jeden Fall aber leidet die Arbeitsleistung, da dann diskutiert wird, was gut oder schlecht an den Änderungen sein werde. Sinnlose Hypothesen, die rein gar nichts bringen, aber

Leistung kosten. Die Arbeit bleibt liegen, weil man unnütze Gedanken darüber entwickelt, wie die Auswirkungen einer bevorstehenden Maßnahme sein könnten. Nichts als Spekulationen! Das kann es doch wohl wirklich nicht sein.

Da heizen Sie lieber die Gerüchteküche so richtig an. In diesem Fall dringt garantiert nichts nach draußen. Unkontrollierte Gerüchte dringen niemals an die Öffentlichkeit, so etwas kommt einfach nicht vor.

Und worin sollte der Vorteil von Informationen überhaupt liegen? Im Einbeziehen der Mitarbeiter, wie man immer wieder hört? Einbeziehen klingt ja ganz gut, aber wofür? Um Spekulationen anzufachen oder Mißverständnisse zu provozieren? Der Konflikt ist bereits vorprogrammiert, wenn man sich nicht zum Grundsatz „Keine Information an Mitarbeiter" bekennt und die Mitarbeiter auf die öffentlichen Medien verweist.

12. Ignorieren statt informieren

Persönliche Notizen, Kommentare, Schlußfolgerungen:

Aufgabe 12.a (für die Täter): Nennen Sie drei traditionelle Informationsveranstaltungen in Ihrem Unternehmen, die Sie sofort einstellen werden.

Aufgabe 12.b (für die Opfer): Überlegen Sie, was Sie tun könnten, um mehr – für Sie wichtige – Informationen zu erhalten.

7. Die Zielvereinbarung als Folterinstrument

Zielorientierte Führung ist zu einem absoluten Muß geworden. Sie ist heute geradezu der letzte Schrei unter den Führungsmodellen und bietet dabei auch recht lustige Spielmöglichkeiten. Während man ursprünglich noch von Zielvorgaben gesprochen hat, sind diese heute bereits weitgehend verpönt und durch die besser klingenden „Zielvereinbarungen" ersetzt worden.

Und damit kann es ja tatsächlich funktionieren: Man vereinbart ein Ziel und muß dann nur noch darauf achten, daß es auch wirklich erreicht wird. Daher muß jedes Ziel genau definiert und mit Zeitlimits versehen werden. Dann kann so gut wie nichts mehr schiefgehen. So simpel ist das Führen.

Wie aber kann man spielen mit Zielen? Keine Angst, es ist ganz einfach, ja, es ergibt sich geradezu von selbst:

Das große Problem bei den Zielvereinbarungen, speziell wenn beide Kontrahenten darin nicht geübt sind, ist nämlich der Verhandlungsprozeß und die damit verbundenen Spielräume für beide Seiten. Der Vorgesetzte überlegt mögliche Ziele und strukturiert sie in solche, die er auf jeden Fall durchzubringen entschlossen ist, und in solche, auf die er unter Umständen zu verzichten bereit ist. Gleiches tut der Mitarbeiter. Und dann wird in aller Regel taktiert.

Natürlich besteht hier Waffengleichheit. Im freien Spiel der Kräfte setzen sich immer die besseren Argumente durch. Damit hat auch der Mitarbeiter eine faire Chance (zumindest theoretisch), und es ergibt sich automatisch eine objektiv richtige und somit optimale Entscheidung. Objektiv gute und richtige Entscheidungen aber spornen an, sie motivieren.

Leider läuft es in der Praxis oft anders ab: Die Zielvereinbarung kommt nur selten nach objektiven Kriterien zustande, oft hingegen nach den persönlichen Möglichkeiten, sprich: Machtverhältnissen, in einem Unternehmen. Diese sind zwar nicht zwangsläufig, aber doch meistens zugunsten des Vorgesetzten.

Häufig stellt die Zielvereinbarung daher einen massiven Anschlag auf die Motivation der Mitarbeiter dar. Sie merken natürlich, daß bei diesem Spielchen die Karten recht ungleichmäßig verteilt sind. Die Trümpfe werden freilich immer erst dann gezogen, wenn die „Vereinbarung" den Interessen des Chefs (diese sollen ja nicht selten den Interessen des Unternehmens vorgezogen werden) zuwiderzulaufen droht. Dann wird auf die traditionellen Instrumente zurückgegriffen und einfach angeordnet.

Mein Hauptvorwurf daher: die Unehrlichkeit. Der Mitarbeiter hat nämlich keine Wahl. Er muß mitspielen, ob er will oder nicht. Für ihn besteht Kontrahierungszwang.

Nachdem in der Verhandlungssituation Chancengleichheit nicht besteht, wirkt sie sich nur in den seltensten Fällen positiv auf die Motivationslage aus, vor allem dann, wenn die Manager dabei noch Fehler in der Behandlung ihrer Mitarbeiter oder in der Kommunikation machen. Oft wird sie als unehrliche Erhöhung des Leistungsdrucks, als versteckter Vorwurf und daher als unaufrichtig empfunden.

Um dem entgegenzusteuern, werden von den Mitarbeitern häufig Leistungsreserven vorbehalten. Es wird also tunlichst vermieden, wirklich ans mögliche Limit zu gehen, weil man Sanktionen befürchtet, wenn man das Ziel nicht erreichen sollte. Und so kommt es dazu, daß Zielvereinbarungen meist nur mit einem recht eingeschränkten Inhalt zustandekommen.

Dies haben natürlich besonders schlaue Manager auch schon erkannt und revidieren daher die Zielvereinbarungen unter dem Einsatz erlernter Überredungskünste, die sie aus den zahlreich absolvierten Gesprächsführungstrainings kennen, regelmäßig nach oben, indem sie ihren Mitarbeitern suggerieren, zu noch mehr in der Lage zu sein und ein noch höher gestecktes Ziel erreichen zu können (Motto: „You are the best!").

Bedauerlicherweise haben sich aber derartige Führungstechniken mittlerweile schon weitgehend herumgesprochen, so daß solch plumpe Motipulationsversuche als äußerst unangenehm empfunden werden, ist in ihnen doch der unterschwellige Vorwurf enthalten, daß man eigentlich noch mehr leisten könnte, wenn man nur wollte und sich ein wenig mehr anstrengen würde.

Doch jetzt zum „worst case“, zu dem Fall nämlich, daß das vereinbarte Ziel nicht erreicht wird. Eine Tragödie, eine echte Katastrophe, Anlaß für Sanktionen. Welcher Manager traut sich schon zuzugeben, daß das Ziel unrealistisch oder falsch war; und wer hat den Mut, einmal ausgesprochene Ziele zu revidieren oder gar zurückzunehmen? Eine äußerst unangenehme Situation ist entstanden. Wäre es da nicht höchste Zeit, über etwas weniger Verbissenheit nachzudenken? Der Wert von Zielen liegt ja, was häufig verkannt wird, nicht immer in deren Erreichung selbst. Klaus Kobjoll formuliert es so: „Bei längerfristigen Zielen, die in der Unternehmenskultur im Leitbild verankert sind, hat man herausgefunden, daß es uns weniger Freude macht, ein Ziel zu erreichen, als Ziele zu verfolgen. Das Verfolgen der Ziele bringt Energie“. Und bei Laotse hieß es schon ähnlich: „Ist das größte Ziel noch nicht erreicht, ist sein Nutzen nicht geringer.“

Auch ohne ausdrückliche Zielvereinbarung bleiben Mitarbeitergespräche (MAGs) in der Form, wie sie häufig praktiziert werden, eine durchaus fragwürdige Einrichtung. Und zwar, um nicht falsch verstanden zu werden, nicht das MAG als ein offener Dialog zwischen dem Leiter und den Mitarbeitern einer Abteilung, der sogar sehr wünschenswert und notwendig ist, wohl aber das MAG in seiner formalistischen Ausprägung, wie es oft anzutreffen ist. Da kann es zu einer Quelle endloser Streitereien werden, wozu eigens mehrköpfige Disziplinarkommissionen gebildet, ausgeklügelte Beschwedeordnungen erlassen oder hochrangige Berufungsinstanzen eingerichtet werden. Auch die Personalabteilung wird eingeschaltet, um zu objektivieren, aber auch um die Beurteilungen in einem meist sehr aufwendigen Verfahren zu verwalten. Doch alles das hilft nichts, gewisse Ungerechtigkeiten lassen sich einfach nicht beseitigen.

Hier einige Beispiele:

1. Ob jemand bei einer sechsstufigen Skala, wie sie häufig Verwendung findet, mit „b“ oder mit „c“ beurteilt wird, bleibt faktisch dem jeweiligen Ermessen vorbehalten. In beiden Fällen, so kann argumentiert werden, sei die Leistung ja ohnedies überdurchschnittlich. Gegen Kritik kann man sich im Regelfall zur Wehr setzen, doch gegen Lob ist man bekanntlich machtlos.

2. Da Vorgesetzte ihrerseits völlig unterschiedlich in ihren Ansprüchen sind (und auch von deren übergeordneten Vorgesetzten wiederum unterschiedlich bewertet werden), wie aussagekräftig ist dann die Beurteilung des Gesamtpotentials? (Nur angerissen sei hier das Problem, wie man die Beurteilung durch einen Vorgesetzten, der seinerseits nur durchschnittlich beurteilt wurde, werten soll; vor allem dann, wenn es über dessen Angestellte widersprüchliche Meinungen anderer, anerkannter und besser beurteilter Führungskräfte gibt. Hier wird es paradox!).

3. Dem Mitarbeiter, der einen anspruchsvollen Vorgesetzten zufriedenstellen muß, wird die Latte höher gelegt als demjenigen, der einen „angenehmen“ Chef mit einer bequem-zufriedenen Grundeinstellung hat.

Dennoch zählt das MAG mittlerweile zum Pflichtrepertoire moderner Personalpolitik. Ein institutionalisiertes MAG zu haben, ist einfach „in“ für erfolgssüchtige Unternehmen. Dafür scheut man keinen Aufwand und nimmt auch ernste Auseinandersetzungen mit dem Betriebsrat in Kauf, der in der Regel solchen verkappten Leistungsbeurteilungssystemen reserviert gegenübersteht. Aber das MAG wird dennoch – oftmals ohne Rücksicht auf Verluste durchgesetzt.

Niemand bestreitet, daß man sich mit seinen Mitarbeitern intensiv befassen muß und daß ein ständiger Dialog eine absolute Notwendigkeit darstellt. Fraglich ist für mich aber, ob ein (meist einmal jährlich stattfindendes) MAG dazu ein geeignetes Mittel sein kann, birgt es doch die Gefahr, daß dieses MAG von manchen Managern als ausreichend angesehen wird, um den notwendigen Kommunikationserfordernissen nachzukommen („Das haben wir doch im Vorjahr bei unserem MAG schon besprochen!"). Man setzt sich also den Großteil der Zeit nicht oder zumindest nicht ausreichend auseinander, sondern spart die Probleme auf und behält sie dem Jahres-MAG vor.

Dann naht endlich dieses MAG und man bereitet sich (hoffentlich) darauf vor. Leider hat man bis dahin höchstwahrscheinlich einiges vergessen, beziehungsweise ist die Aktualität nicht mehr gegeben. Gerne wird auch auf das MAG des Vorjahres zurückgegriffen, und es wird in alten Hüten herumgewühlt, darf man doch der letztjährigen Beurteilung keinesfalls widersprechen. Es erfolgt also ständig bloß eine mehr oder weniger modifizierte Fortschreibung; die Vor-Beurteilung wird zur Vor-Verurteilung.

Schon die Vorbereitung ist unangenehm; es gibt kaum Vorgesetzte oder Mitarbeiter, die mit Begeisterung in ein solches MAG gehen, es wird oft als lästige Pflicht angesehen. Häufig besteht auch die Gefahr, daß das MAG in schulmeisterlicher Weise geführt wird, für die Mitarbeiter besteht die Peinlichkeit, daß „Schnee von gestern" immer wieder aufgewärmt wird oder sie zu „Zielvereinbarungen" geradezu genötigt werden.

Ich behaupte daher: Die verordneten, traditionellen Mitarbeitergespräche sind Demotivationsquellen ersten Ranges, auch wenn man dies durch Anwendung aller erlernten Überredungskünste und modernster Gesprächslenkungstechniken zu verschleiern sucht.

13. Spielen mit Zielen

Persönliche Notizen, Kommentare, Schlußfolgerungen:

Aufgabe 13.a (für die Täter): Formulieren Sie drei wohlklingende Ziele, die Ihre Mitarbeiter nie erreichen werden.

Aufgabe 13.b (für die Opfer): Beschreiben Sie bitte, was alles Sie oder ein Ihnen bekannter Kollege rückdelegiert haben, ohne daß Ihr Chef es gemerkt hat, und wie Sie das gemacht haben.

8. Die Kunst der „Motipulation"

Zum Glück gibt es aber auch angenehme Mitarbeiter, die man fördern möchte. Hier liegt das Problem darin, daß man sie gerne dazu bringen würde, noch mehr zu leisten, als sie ohnehin schon tun. Bloß, wie macht man das? Die Antwort finden Sie in diesem Kapitel.

Aufforderungen wie „Sie müssen die Motivation Ihrer Mitarbeiter verbessern" ignorieren coole Manager ganz einfach; Fragen wie „Was tun Sie zur Motivierung Ihrer Mitarbeiter?" beantworten lässige Abteilungsleiter schlichtweg mit „Nichts!"

Freilich erwarten deren Chefs hier durchwegs andere Reaktionen. Sie rechnen damit, daß man als Führungskraft auf die Motivation seiner Leute permanent und aktiv einwirkt. Selbst motivierte Arbeitnehmer müssen nach derem Credo laufend angetrieben werden, um noch mehr zu leisten. Dabei geht es vor allem um Tätigkeiten, die der zu Motivierende nicht gerne, daher auch nicht freiwillig und nicht aus eigenem Antrieb macht oder zumindest nicht in diesem Ausmaß oder in der Intensität, wie man es gerne hätte.

Manche Vorgesetzte gehen fälschlicherweise davon aus, daß es für jeden Menschen Grenzen gibt. Bereits in der Schule ist bekanntlich die Anzahl derer, die in allen Unterrichtsgegenständen gleichermaßen hervorragend sind, gering. Das erwarten wir aber von unseren Mitarbeitern. Wir erwarten ständig eine Auszeichnung oder zumindest ein „sehr gut" in jedem einzelnen beruflichen Leistungsgegenstand. Genau das ist das Ziel verschiedenartigster Motivierungsmaßnahmen, nämlich dort zu verbessern, wo es (noch) vermeintliche Leistungsmankos gibt.

Nun werden Sie aber wahrscheinlich einwenden, daß es einen kleinen, aber wichtigen Unterschied zwischen den Institutionen „Schule" und „Beruf" gibt. Nach der Schule verbleibende Leistungsdefizite sind (zumindest scheinbar) ohne unmittelbare Konsequenz, wenn die Schule nur formal abgeschlossen werden konnte. Unterstellt man, daß alle geforderten Aktivitäten zur Erfüllung der Funktion und des beruflichen Auftrages gleichermaßen von Bedeutung sind, meist ein reines Gedankenmodell, so könnte die Position bei Leistungsdefiziten überhaupt nicht ausgefüllt werden. Daher ist es so wichtig, daß ein Manager seine Leute dorthin bringt, wo er sie haben will. Darauf kommt es an. Das ist freilich nicht immer ganz einfach, aber doch durchaus erlernbar.

Der berühmte Zauberkünstler „Magic Christian" zum Beispiel demonstriert uns eindrucksvoll, was alles möglich ist. Er „klebt" Menschen an die Wand, die vollkommen bewegungsunfähig in den unmöglichsten Stellungen verharren, er vermittelt ihnen das Gefühl, ihre Sessel würden schlagartig so heiß werden, daß sie sich daran zu verbrennen glauben, obwohl sie eine ganz normale Temparatur aufweisen. Kurz, die Leute machen all das, was er ihnen suggeriert – „wishful thinking" für jeden Abteilungsleiter.

Das Zauberwort heißt „Motipulation" (nach Rolf Balling) und ist eine Kurzformel für „Manipulation zur Motivation". Hier soll der Versuch unternommen werden, diesem Begriff seine negative Besetzung zu nehmen. Motivation ist ja ein erstrebenswerter Zustand, was soll dann an Motipulation schlecht sein, die ja die Motivation auslösen beziehungsweise steigern soll?

Wenn man von „Motipulation" in einem abwertenden Sinne spricht, unternimmt man einen Frontalangriff auf ein Zentralstück unserer Managementqualitäten, eine Aushöhlung dessen, was seit Jahrzehnten als „state of the art" gilt, wird doch damit unterstellt, daß Manager gar nicht in der Lage wären, die Leistung ihrer Mitarbeiter anzukurbeln. Lassen wir uns das nicht bieten! Motivieren wir weiter wie bisher!

Halten wir also fest: Motipulation ist grundsätzlich eine positive Maßnahme. Aber wie geht das? Wer kann motipuliert werden, und wie motipuliert man richtig?

Der erste Teil der Frage ist noch leicht beantwortet: Jedermann ist zu motipulieren. Halten Sie sich daher nicht zurück. Stürzen Sie sich auf jeden, der nicht so spurt, wie Sie es wollen, und manipulieren Sie seine Motivation. Sie werden sehen: Es genügt oft bereits ein kleiner Eingriff und schon ist eine optimale Motivationslage (wieder)hergestellt.

Der zweite Teil der Frage ist schon viel schwieriger: Wie motipuliert man gekonnt? Ex post ist diese Frage auch noch relativ leicht beantwortet. Eine Motipulation war dann erfolgreich, wenn der Mitarbeiter ursprünglich ein anderes Verhalten ausüben wollte, er sich aber nach der Motipulation so benimmt, wie es der Erwartungshaltung des Chefs entspricht. Ganz wichtig dabei ist, daß der Motipulierte davon nichts merkt. Er muß gleichsam wie ein Hypnotisierter handeln, und Sie betätigen im Hintergrund bloß die Fernsteuerung.

Sprenger hat die traditionellen Motivationsmaßnahmen mit den „5 großen Bs" umschrieben: Belobigen, Belohnen, Bedrängen, Bedrohen, Bestrafen. Hier lernen Sie, wie Sie diese Instrumente jeweils optimal zur Demotivation einsetzen können.

Beginnen wir mit dem Belobigen. Das ist freilich nicht so einfach, manche hoffnungslose Typen von gestern fühlen sich durch Lob immer noch geehrt, erfreut und angespornt. Dem können Sie abhelfen, wenn Sie es ausschließlich coram publico tun. Selbst wenn der Gelobte dies positiv empfinden sollte (was Sprenger übrigens auch in Frage stellt), ist es Ihnen immerhin gelungen, Ihre anderen Mitarbeitern zu demotivieren, wenn Sie dadurch Neid erweckt haben.

Belohnungen (natürlich freibleibend – siehe dazu Kapitel 1 dieses Teils) als weitere Demotivationsmaßnahme einzusetzen, ist ebenfalls eine recht schwierige Aufgabe, aber auch nicht unmöglich, wenn Sie es richtig angehen. Finden Sie Geschenke, die zwar an sich schön wären, die der zu Belohnende aber nicht ausnutzen kann, weil ihm dazu notwendige Voraussetzungen fehlen: etwa einen Surfkurs für einen Nichtschwimmer, ein Golfwochenende für jemanden, der gar nicht spielen kann, eine Heliskiing-Tour für einen Antisportler. Auch Wochenendseminare eignen sich gut, vor allem wenn der Beschenkte die freie Zeit ohnehin häufig durch

Dienstreisen getrennt von seiner Familie verbringen muß. Interessanterweise wird dabei ein Grundsatz durchbrochen, der sonst bei der Lohn- und Gehaltspolitik von Unternehmen (Belohnungen haben ja letztlich auch Entgeltscharakter) sehr ernst genommen wird: die Geheimhaltung. Dadurch ist sichergestellt, daß sich jedenfalls diejenigen, die nicht belohnt worden sind, übergangen fühlen und gut demotiviert werden können.

Ich kenne kein Unternehmen, in dem die individuellen Löhne und Gehälter offengelegt werden. Und das aus gutem Grund: Man will den Kampf ums nackte Geld nicht noch weiter anheizen. Damit hat man bei Belohnungen offenbar kein Problem. Der Wettlauf um die Prämien ist sogar extrem gewollt. Möglichst niedrige Gehälter und möglichst interessant klingende, aber unverbindlich ausgelobte Prämien – so lautet die simple Strategie.

Eine andere häufig eingesetzte Taktik, will man nicht gleich belohnen (Belohnungen – auch wenn man sie sparsam einsetzt – kosten schließlich doch etwas, und das können oder wollen sich manche Unternehmen nicht mehr leisten), ist das gute Zureden (Überreden). Hier können Sie die Wirkung verstärken, indem Sie einen passenden Köder einsetzen. Sie halten Ihrem Mitarbeiter diesen Köder einfach vor das Maul (wie einem Fisch den Wurm an der Angel) und müssen dann kaum mehr tun, als darauf zu achten, daß Ihr Mitarbeiter ihn ja nicht verschluckt, sondern bestenfalls jeweils nur ein Häppchen abbeißen kann. Andernfalls es mit der Motivation rasch vorbei.

Hilft auch das nichts, muß man schwerere Geschütze auffahren. Bedrohen und Bestrafen gehört zu den wirksamsten Mitteln, um jemanden zu einer Handlung zu bewegen, die er nicht aus eigenem Antrieb einleiten wollte. Sie stehen in einem engen zeitlichen und kausalen Zusammenhang: Wenn die Androhung einer Strafe nicht den gewünschten Erfolg bringen sollte, muß sie schließlich verhängt werden. Diese muß der widerspenstige Mitarbeiter aber wirklich spüren, zunächst nur leicht, aber mit zunehmender Strenge und Konsequenz. Paradebeispiel: die Strafversetzung (die in der

Regel aber eher eine Strafe für das Unternehmen ist – also Vorsicht!).

Die Strafe hat gleich mehrere Vorteile: Mit ihr können wir nicht nur Spezialprävention erzielen, indem sie den Bestraften von weiteren Handlungen der inkriminierten Art abhält. Sie hat auch – was nicht vergessen werden darf – generalpräventive Wirkung, sie wirkt also ebenso abschreckend auf die anderen und veranlaßt sie daher zu Wohlverhalten: ein Multiplikatoreffekt! Die Strafe ist damit die Wunderwaffe überhaupt.

Natürlich gibt es alle möglichen Arten von Strafen, die vom Wirkungsgrad her äußerst unterschiedlich sind. Eine ganz harmlose Strafe ist das destruktive Kritisieren und Nörgeln („Dem habe ich's jetzt aber gezeigt!“), etwas schärfer ist schon die schriftliche Abmahnung („Strenge Verwarnung“). Eine größere Wirkung erzielt man bereits mit dem Bloßstellen vor anderen. Da können Sie so richtig auftrumpfen. Zeigen Sie's Ihrem Opfer. Und den anderen natürlich auch. Machen Sie ihn so richtig nieder. Je größer der Kreis der Zuhörer, um so besser.

Natürlich gibt es weitere Verschärfungen (beispielsweise „lebenslänglich“ durch Kündigung als immerwährende Verbannung aus dem Unternehmen) bis hin zur betrieblichen Todesstrafe, der fristlosen Entlassung.

14. Die Kunst der „Motipulation"

Persönliche Notizen, Kommentare, Schlußfolgerungen:

Aufgabe 14.a (für die Täter): Denken Sie an einen schlecht motivierten Mitarbeiter und überlegen Sie sich einen geeigneten Köder, mit dem Sie ihn zu Tätigkeiten motipulieren werden, die ihm zutiefst zuwider sind. Wie werden Sie dabei verhindern, daß er den ausgesetzten Köder verzehrt?

Zusatzaufgabe (ebenfalls für Täter) — Ein Kreativitätstest: Auch Strafen müssen weiterentwickelt werden. Erfinden Sie daher fünf völlig neue betriebliche Sanktionsarten.

Aufgabe 14.b (für die Opfer): Denken Sie an Situationen, wo Sie zu etwas „motipuliert" wurden, was Sie anfangs wirklich nicht tun wollten, und beschreiben Sie, wieviel Energie Sie Ihrem Chef dafür abverlangt haben.

9. Frust statt Lust

Mitarbeiter: „Chef, diese Arbeit gefällt mir nicht!"

Chef: „Soll ich sie vielleicht für Sie machen?"

Mitarbeiter: „Natürlich nicht, nur könnte man die Arbeit neu organisieren, so daß wir nicht mehr nur die reinen Analysen machen, sondern sie auch kurz interpretieren. Ich erfahre nämlich nie, was mit den Analysen nachher konkret geschieht. Und wenn wir sie auch interpretieren würden, könnten wir uns intensiver mit den Daten beschäftigen. So ist das eine halbe Sache."

Chef: „Ich denk' doch nicht daran, daß wir freiwillig mehr Arbeit machen, als wir müssen."

Mitarbeiter: „Aber ich würde das machen, und Sie hätten damit gar nichts zu tun."

Chef: „Das glauben Sie vielleicht. Aber wenn Fehler passieren, dann wird unsere Abteilung dafür verantwortlich gemacht. Und dann kann ich meinen Kopf für Ihr Versagen hinhalten. Nein, wirklich nicht."

Mitarbeiter: „Aber ich hätte dadurch die Möglichkeit, meine Arbeit einmal direkt beim Vorstand zu präsentieren."

Chef: „Sie sollen sich aber nicht präsentieren, Sie sollen arbeiten. Tun Sie besser das, was was man von Ihnen verlangt. Sich die Arbeit auszusuchen, das hätte jeder gern!"

Mitarbeiter: „Aber ich suche mir die Arbeit nicht aus, ich würde ja zusätzliche Arbeit übernehmen."

Chef: „Bei uns hat jeder das zu tun, für das er eingestellt worden ist. Und jetzt an die Arbeit! In dieser Zeit hätten Sie schon wieder etwas Produktives leisten können."

Die Lust-Lüge

Es ist doch ein ausgesprochener Unsinn, das mit der Lust an der Arbeit. Was soll denn da Lust machen? Etwa, daß man morgens in aller Frühe aufstehen muß? Oder daß man abends geschlaucht nach Hause kommt? Da soll man wenigstens ehrlich sein und zugeben, daß Arbeit mit Lust nichts zu tun hat, sondern nur Frust erzeugen kann. Lust kann vielleicht ein Generaldirektor empfinden, wenn er seinen Gehaltsstreifen betrachtet, aber unsereiner?

Gerade in letzter Zeit ist es überdeutlich zu bemerken: die Lust verschwindet zusehends aus der Berufswelt. Verantwortlich dafür ist eine Häufung von Ursachen. Einerseits spielt hier die Ungewißheit in den Erwartungen eine nicht zu unterschätzende Rolle, andererseits auch die wirtschaftliche Instabilität an sich. Selbst die einfachsten Arbeitnehmer haben bereits verstanden, daß es nicht mehr ausreicht, schön brav ihre Arbeit zu verrichten, wie das früher vielleicht noch möglich war. Sie erleben es regelmäßig, daß selbst Kollegen, die alle bisher gestellten Anforderungen anstandslos erfüllt haben, an ihrem beruflichen Ende stehen. Das verunsichert natürlich. Auch überraschend aufgetretene Unternehmenskrisen traditionell erfolgreicher Firmen, die – was mittlerweile ja allgemein bekannt ist – mit nahezu absoluter Sicherheit mit Massenkündigungen enden, führen zur Beunruhigung bei vielen Arbeitskräften.

Es ist eine gewisse Perspektivenlosigkeit dadurch eingetreten, daß Karrierechancen für den „kleinen Mann" nur noch höchst eingeschränkt bestehen. Die Wirtschaft hat Dimensionen angenommen, in denen auch ein ambitionierter Mensch kaum mehr mithalten kann. Das Spielfeld der Wirtschaft ist zu einem „closed shop" für Megaunternehmer geworden. Auch engagierte Firmenführer scheitern am erforderlichen Kapitaleinsatz, der entweder überhaupt nicht möglich ist oder von Anfang an eine solche Abhängigkeit von den Kapitalgebern beziehungsweise eine solche Fremdmittelbelastung bedeutet, daß ein konstruktives Arbeiten gar nicht oder jedenfalls nur sehr schwer möglich ist.

Das Spiel der Großen wird immer undurchschaubarer. Megadeals, hypertrophe Kooperationen und Verschmelzungen stehen an der Tagesordnung – und fast jede dieser Maßnahmen endet regelmäßig mit Personaleinsparungen. Wie soll die Motivation der Mitarbeiter nicht darunter leiden?

Doch damit nicht genug. Der Supergau auf die menschliche Motivation steht erst bevor: die·Daten-Highways. Während bisher der Wettbewerb doch mehr oder weniger überschaubar war, wird dies mit den Informations-Netzwerken schlagartig vorbei sein. Plötzlich ist man als werdender Jungunternehmer nämlich nicht mehr nur seiner lokalen Konkurrenz ausgesetzt, die man im wesentlichen kennt und deren erwartete Reaktion man daher bei seinen Überlegungen einschätzen kann, statt dessen steht man der Weltkonkurrenz gegenüber. Was als „Internet" oder unter welchen Bezeichnungen auch immer angeboten wird, bringt nur bei sehr oberflächlicher Betrachtung einen Verbrauchernutzen. Sicherlich ist es lustig, im „Netz zu surfen" und auch ganz praktisch, seine geplante Amerikareise einschließlich sämtlicher Abendaktivitäten, wie Theater, Kino etc. via Heimcomputer organisieren zu können. Doch der Surfer kann sich vorwiegend im Küstenbereich bewegen, die hohe See bleibt den Ocean Liners vorbehalten. Wer ist wirklich so naiv anzunehmen, daß nur für das Surfing ein derartiger Entwicklungsaufwand betrieben worden wäre? In Wahrheit aber werden diese Systeme Mächtige noch mächtiger machen, denn durch schnell verfügbare Informationen werden sie ihre Entscheidungen noch rascher und sicherer treffen.

Auch sonst tut die Technik ein übriges: Innovationen ersetzen die menschliche Arbeitskraft. Die Automatisierung schreitet immer weiter fort und vernichtet Arbeitsplatz um Arbeitsplatz. Was als großer technischer Fortschritt und wirtschaftlicher Vorteil dargestellt wird, ist oft bestenfalls eine Null-Bilanz. Es sind lediglich Personalkosten durch Abschreibungen ersetzt worden. Der technische Fortschritt ist damit oft auch ein humanitärer Fortschritt in wortwörtlicher Bedeutung: man schreitet fort von den Menschen, nur um die Bilanzkennzahlen optisch zu verbessern, wobei das materielle Ergebnis weitgehend unverändert bleibt.

Um die Lust bei der Arbeit endgültig zu verbannen, ist ein geniales Instrument entwickelt worden: das Qualitätsmanagement. Hinter diesem an sich durchaus positiv klingenden Begriff verbirgt sich Entsetzliches: Unter dem Deckmantel der Qualitätssicherung erfährt die Administration in der übelsten Bedeutung dieses Begriffes eine unglaubliche Blüte.

Dies bedeutet zusätzlichen Formalismus, den die meisten Mitarbeiter mit nur mäßiger Freude ausführen. Gerade im Zeitalter der „Lean Production", des „Downsizing" oder des „Personnel Cost Cutting" ist eine solche Entwicklung durchaus nicht unproblematisch. Dazu kommt die oft fragliche Einstellung der Unternehmen gegenüber dem Zertifizierungsverfahren. Sie wollen sich in Wahrheit nicht wirklich verbessern, zumindest nicht durch diesen Prozeß, sie wollen lediglich die entsprechende Urkunde zur Dekoration. Der Prozeß wird als notwendiges Übel zwar in Kauf genommen, aber nicht in dem Maße unterstützt, in dem es sinnvoll wäre. Demgemäß werden oft auch nicht die nötigen Ressourcen zugeführt, weil die Erwartungshaltung eben darauf gerichtet ist, diesen Vorgang so rasch und mit so wenig Kosten wie möglich hinter sich zu bringen.

Durch den Abbau von Mitarbeitern erhöht sich der Arbeitsdruck auf die verbleibende Mannschaft, der durch das Qualitätsmanagement noch weiter gesteigert wird. Welche Auswirkungen dies auf das Betriebsklima hat, braucht wohl nicht hervorgehoben zu werden.

Es erscheint auch entbehrlich, auf die Auswirkungen auf Kreativität und Innovation hinzuweisen, liegt es doch auf der Hand, daß unter solchen Rahmenbedingungen Kreativität, wenn schon nicht im Keim abgetötet, so doch zumindest nicht optimal gefördert wird. (Aber Kreativität geht den einfachen Mitarbeiter ohnedies nichts an, sondern soll den Führungskräften vorbehalten bleiben, sofern sie nicht überhaupt extern zugekauft werden muß.)

Und wenn man den Frust mit sich herumschleppt, wie wird man ihn wieder los? Ganz einfach, man frustriert andere. Frustration der Kollegen heißt das wunderwirksame Rezept.

Da darf man nicht zimperlich sein, eine gewisse Frustrationsresistenz wird man doch wohl von seinen Mitmenschen erwarten können. Die dürfen nicht immer gleich beleidigt sein! Außerdem erleichtert es ungemein, wenn man andere ein wenig ärgern kann.

Also leitet man griesgrämig die Meetings, schikaniert Mitarbeiter, die sich nicht zur Wehr setzen können oder läßt seine Aggressionen an der Sekretärin oder am hilflosen Portier aus.

Eine der effektivsten Frustrationsquellen ist oft auch die Firmenleitung, mit der man ständig in Kontakt ist. Dieser Kontakt ist jedoch nur rein äußerlich dialogisch, materiell handelt es sich vielmehr um einen ständigen Monolog, eine Einwegkommunikation ersten Ranges. Und das zermürbt. Eigentlich würde man es denen da oben gern einmal so richtig sagen, aber leider wollen die das so gar nicht gerne hören. Sie geben einem erst gar keine Gelegenheit, seine eigene Meinung zu sagen, und Kritik wollen sie schon überhaupt nicht hören. Sie suchen nur Manager, die die von der Zentrale oder von den Eigentümern vorgegebene Linie brav exekutieren. So entsteht Frust.

Doch seit kurzem haben sich „die da oben" etwas ganz neues einfallen lassen: es reicht nicht mehr aus, wenn man die vorgeschriebene Linie exekutiert, sie peinigen einen jetzt noch damit, daß es mit Lust geschehen müsse. Lust an der Arbeit soll erzeugt werden. Doch wie sollen frustrierte Chefs lustvoll arbeitende Mitarbeiter heranziehen? Unmöglich! Da soll man wenigstens ehrlich sein und eingestehen: Lust hat mit Arbeit nicht das Geringste zu tun!

Die Meeting-Marter

Wer hat das noch nicht erlebt: Man sitzt in einer endlosen Besprechung und würde gerne nach Hause gehen, wo einen der Nachwuchs bereits sehnsüchtig erwartet und eine gute Schulnote gefeiert werden soll. Aber man kommt einfach nicht weg, die Besprechung nimmt und nimmt kein Ende. Obwohl kaum Hoffnung besteht, daß man in der Sache noch weiterkommt, zieht es sich wie ein Strudelteig. Ständig werden immer wieder dieselben

Argumente gebracht, man kennt sie alle schon in- und auswendig. Es gibt so gut wie keinen inhaltlichen Fortschritt. „Mach da nicht mehr mit, steh doch einfach auf und geh weg“, sagt einem die innere Stimme, lautet der leise Appell an den letzten Rest an Selbstachtung, aber man spricht es nicht aus und tut es auch nicht; es könnte der Erwartungshaltung des Chefs, der ja auf Anwesenheit Wert legt, widersprechen. Und wieder entsteht Frust. Natürlich würde ein Weggehen der Erwartungshaltung des Chefs zuwiderlaufen, zumindest der augenblicklichen, aber soll einen das wirklich abhalten? Ist nicht auch die Erwartungshaltung von Mitarbeitern genauso zu respektieren, daß der Vorgesetzte mit der Arbeitszeit von Mitarbeitern maßvoll umgeht? Es ist also gar keine schlechte Demotivierungsmöglichkeit, seine „Crew“ durch Endlos-Meetings zeitlich zu vergewaltigen! Hier daher einige Anregungen, wie Sie Meetings als Demotivationsquelle optimal nutzen können:

1. *Bereiten Sie sich vor!*
   Wenn die Vorbereitung erst im Meeting selbst erfolgt, vergeht viel Zeit, während der man zunächst Klasse aneinander vorbeiredet. Sie könne dadurch die Besprechung auch nicht effizient moderieren und es dauert relativ lang, bis man auf den Punkt kommt (wenn überhaupt).
2. *Geben Sie keine Agenda aus!*
   Auf diese Weise können Sie bewirken, daß sich auch niemand anderer optimal vorbereiten kann. Der Vorteil einer Agenda würde höchstens darin bestehen, daß Sie einen Zeitrahmen vorgeben, den Sie dann bewußt oder unbewußt sprengen könnten. Darüber hinaus kann ich darin aber in keine demotivatorische Wirkung erblicken.
3. *Versenden Sie keine Unterlagen!*
   Viel zu riskant, es könnte ja etwas nach außen dringen. Man kann ja heutzutage seinen Mitarbeitern nicht mehr trauen! Außerdem ist dermaßen gesichert, daß die Diskussion einigermaßen wirr abläuft und sie auch dementsprechend lange dauern wird.

4. *Beginnen Sie mit Nebensächlichkeiten!*
   Das ist eine tolle Möglichkeit, von Anfang an in Zeitverzug zu geraten. Dadurch können Sie die Marterei ideal in die Länge ziehen.
5. *Drücken Sie sich unklar aus!*
   Sprechen Sie sehr allgemein, bleiben Sie philosophisch-abstrakt, lassen Sie die Sitzungsteilnehmer herumraten, was eigentlich Sache ist.
6. *Loben Sie nur einen einzigen!*
   Heben Sie seinen Einsatz und seine Leistung so richtig hervor. Besondere Wirkung erzielen Sie dann, wenn er einmal nicht anwesend ist (solche Leute haben eben Wichtigeres zu tun, als an einem solchen Meeting teilzunehmen). Die anderen Meeting-Teilnehmer bringen Sie dadurch wunderbar in Stimmung.
7. *Bestehen Sie auf Formalismus!*
   Lassen Sie nur „fundierte" Statements zu, das heißt zumindest ordentlich gestylte Overheadfolien, wenn schon nicht Powerpoint-Präsentationen (der Inhalt ist eher zweitrangig).
8. *Zerreden Sie Ergebnisse!*
   Hinterfragen Sie jegliche Ergebnisse so lange, bis schließlich niemandem mehr klar ist, wovon die Rede ist. Verwenden Sie oft den Konjunktiv. Sagen Sie „Wir könnten noch ...", „Ich glaube, wir müßten ...", „Wir sollten eher ...".
9. *Belehren Sie Ihre Mitarbeiter schulmeisterlich!*
   Dozieren und theoretisieren Sie! Klopfen Sie elendlange Monologe! Nutzen Sie die Gelegenheit der Präsentation (Sie haben ja sicher Präsentationstechniken erlernt), aber präsentieren Sie nicht Inhalte, sondern präsentieren Sie vor allem – sich selbst! Jeder muß Ihnen dabei zuhören – Ihr persönlicher Speaker's Corner im Unternehmen!
10. *Machen Sie keine Pausen!*
   Lassen Sie Ihre Mitarbeiter schon unbequem im Sessel hin- und herrutschen. Machen Sie ihnen das Aufstehen unmöglich.

Gönnen Sie ihnen keine Gelegenheit für eine Zigarette zwischendurch und schon gar keine kurze „technische Pause" zum Austreten! Und überziehen Sie vor allem. Sprengen Sie einen vorgegebenen oder zumindest als üblich vorausgesetzten Zeitrahmen. Das ist eine gute Gelegenheit, den Mitarbeitern Wichtigkeit vorzutäuschen („Nein, Sie können leider noch nicht gehen, ich brauche Sie noch!"), aber gleichzeitig die Bedeutungslosigkeit ihrer Privatsphäre zu demonstrieren!

11. *Halten Sie Ihre Mitarbeiter durch überlange Meetings von der Arbeit ab!*
    Besonders wirksam im Vertriebsbereich: die Kunden haben sicher Verständnis, wenn sie ihren Kundenbetreuer und auch dessen Vertreter nicht erreichen können, weil dieser ständig an internen Workshops teilnimmt.

12. *Vergessen Sie die Killerphrasen (Kapitel 7) nicht!*
    Bereiten Sie passende Köstlichkeiten vor, wie „Das kann doch nicht Ihr Ernst sein!" oder „Na, wenn Sie nicht mehr zu sagen haben ..."

13. *Vertagen Sie oft!*
    Sagen Sie einfach „Wann sehen wir uns wieder?", ohne aber konkrete Aufträge zu verteilen. Verbleiben Sie dabei ganz allgemein, zerreden Sie Ergebnisse (gemäß Punkt 4), und wenn das nicht ziehen sollte, brechen Sie einfach ab.

Wenn ein Abschluß drohen sollte, variieren Sie das Thema einfach ein wenig, und beginnen Sie wieder am Anfang!

Die Meeting-Epidemie ist nicht nur ein hervorragender Marterpfahl für Gefangene (sprich: Mitarbeiter), sie hat noch einen weiteren unschätzbaren Vorteil: Sie dient optimal der Selbstbefriedigung von Managern, mit ihr kann man sich so richtig ins Rampenlicht setzen. Wenn man sich zu Hause bei der Ehefrau oder den Kindern schon nicht Gehör verschaffen kann, hier kann man es! Und die anderen müssen zuhören, ob sie wollen oder nicht. Der Redner kann richtig glänzen. Tue Gutes (ist zwar nicht immer der Fall) und rede darüber, lautet die Maxime. Hier kann man längst vergessene Erfolge wieder aufleben lassen, sich selbst ausführlichst loben, seine mühsam erlernten rhetorischen Fähigkeiten voll ausspielen und völlig ungestraft die Zeit seiner Mitarbeiter und Kollegen stehlen. Ein einmaliges Gefühl! Besonders gut eignen sich daher Meetings mit großem Teilnehmerkreis, die erst nach 17 Uhr angesetzt werden, vor allem dann, wenn man die Sitzungsteilnehmer hübsch warten läßt und ordentlich verspätet beginnt. Und durch eine entsprechend schleppende Moderation und ausgedehnte Monologe kann man so eine Sitzung locker bis in die Nachtstunden ausdehnen.

Da kommt dann Freude auf bei jenen, die sich für den Abend etwas vorgenommen hatten oder auch bei den Familienvätern (Frauen sind ja mangels entsprechender Wichtigkeit von solchen Veranstaltungen meist ausgeschlossen), die gerne noch ihr Kind vor dem Schlafengehen sehen wollten.

Nicht zuletzt beruhigt es das Gewissen, wenn man am nächsten Morgen sagen kann: „Wir haben gestern wieder bis in die Nacht gearbeitet. Da mußte ich sogar über den Zaun klettern, weil alle Tore schon geschlossen waren." Präsenzdienst statt Erfolg – ein altes Leiden im betrieblichen Alltag.

Doch Vorsicht: Mittlerweile haben überschlaue Sachbearbeiter auch die Meetings als Waffe entdeckt und zu einem gefährlichen Gegengift gegen die Drogen der Geschäftsleitung entwickelt. „Durch Sitzen kommt man nicht ins Schwitzen" ist deren Motto. Oft ist es immer noch besser, in einem endlosen Meeting zu sitzen, als sich bei der Arbeit „einen Bruch zu heben". Wer sitzt oder tagt, der braucht während dieser Zeit nicht zu arbeiten, lautet die simple Erkenntnis jener Mitarbeiter – ganz zu schweigen von den willkommenen Nebeneffekten, wie dem Abschieben der Verantwortung („Das haben wir doch gemeinsam so festgelegt") oder der Vertuschung eines Mangels an Ideen. (Wenn einem Manager nichts einfällt, wird üblicherweise ein Meeting einberufen.)

Also werden Sitzungen in sadomasochistischer Weise („Wenn ich schon länger dableiben muß, soll das meinen Kollegen nicht anders gehen!“) angesetzt, was das Zeug hält. Es lebe die Effizienz!

Konferenzen und Klausuren sind die Steigerungsform, die Horrorvision schlechthin. Erschwerend kommt dabei nämlich noch hinzu, daß sie in luxuriösen Hotels und in landschaftlich reizvollen Gegenden abgehalten werden, wo auch jede Menge Möglichkeiten zu attraktiver Freizeitgestaltung geboten werden. Natürlich kann man sich daran nur durch Einsicht in den Hotelprospekt delektieren, sie zu nutzen ist praktisch unmöglich, sitzt man doch von früh bis spät im spartanischen Meeting-Room. Dafür aber wird man überfüttert, und durch die damit gepaarte Bewegungsarmut kommt zu dem bereits vorhandenen psychischen Unbehagen noch körperliches Unwohlsein. Verdauungskrämpfe contra Powerpoint-Präsentationen!

Und weit und breit ist kein Ende in Sicht. Die Sitzordnung tut ein übriges. Man ist geradezu eingeklemmt, den wohlklingenden Theorien des Vortragenden wahrhaft ausgeliefert. Wie ein Gefangener sitzt man – zwar nicht hinter Gittern, aber doch in einer Form goldener Käfig, die wunderschöne Natur ist stets vor Augen, aber doch unerreichbar.

Dafür wird man aber reichlich entschädigt, wenn man ins Büro zurückkehrt. Da erwarten einen schon die Mitarbeiter und Kollegen und wollen wissen, wie es war. Natürlich meinen sie nicht die Tagung an sich und sind nur sehr periphär an neuen Managementtheorien interessiert, ihre Nachfrage bezieht sich primär auf die Freizeitgestaltung, das Aussehen der Teilnehmerinnen und eventuell noch die Speisekarte. Des weiteren erwartet einen der eigene Chef, der jetzt nach dem Besuch der Veranstaltung eine deutliche Leistungssteigerung erwartet (Seminare müssen sich schließlich rechnen!). Und vor allem wartet viel Arbeit, denn die ist ja in der Zwischenzeit liegengeblieben, während Sie die Veranstaltung besucht haben.

Doch welch Glücksfall – nun können Sie die erlernten Techniken gleich in der Praxis anwenden, um die Rückstände aufzuarbeiten. Wie toll doch unsere Firmenpraxis funktioniert!

Die Präsentations-Paranoia

Sie machen sich Sorge, wie Sie ein Meeting ordentlich in die Länge ziehen können, auch wenn Sie eigentlich nichts zu sagen haben? Kein Problem, besuchen Sie einen Kurs über Präsentationstechniken, und Sie werden dieser lästigen Sorge ledig sein.

Mal ehrlich: Wer hat denn heutzutage überhaupt noch etwas zu sagen? Die Inhalte sind uns doch schon längst ausgegangen. Die „herrschende Lehre" ist vielfach zu einer „herrschende Leere" geworden. Aber das macht gar nichts, Hauptsache, es wird gut präsentiert. Kärtchen stecken, schöne bunte Folien, bewegliche LCD-Präsentationen machen immer Eindruck. Da nimmt es dann keiner mehr so wichtig, was eigentlich gesagt wird, allein auf das „wie" kommt es an.

Und noch eines ist wichtig: Formulieren Sie immer positiv. Sprechen Sie beispielsweise von „negativem Deckungsbeitrag" (wenn man nicht so genau hinhört, glaubt man immerhin, daß es sich um einen Deckungsbeitrag handelt), Ressourcenoptimierung (statt Massenkündigung), Freisetzungen (klingt überhaupt toll – nach Freiheit), Standortkonzentration (statt Schließung von Zweigniederlassungen), Abschlanken (ein ständiger Traum vieler Menschen, der meist nur im Berufsleben – freilich in etwas anderer Bedeutung – wahr wird).

Folgerichtig dürfen Sie umgekehrt manche Begriffe absolut nicht verwenden. Das Wort „Problem" etwa fällt unter die verbotenen Ausdrücke, die Sie in der Berufswelt ja nicht aussprechen dürfen, ersetzen Sie es besser durch „Chance" oder „Verbesserungspotential". Auch „Konkurrenz" ist ein Wort, mit dem Sie vorsichtig umgehen müssen, wird sie doch oft ignoriert oder zumindest trügerisch unterschätzt. Bei „Kunden" ist ebenfalls Vorsicht angebracht; man darf dann nicht von ihnen reden, wenn sie etwas wollen oder sich gar beschweren. (Entschuldigen Sie meine Diktion, denn auch „Beschwerde“ ist ein Wort, das es -vor allem bei ISO-zertifizierten Unternehmen – eigentlich nicht gibt, die erzeugen schließlich nur fehlerfreie Qualität. Mir ist leider keine andere Formulierung eingefallen!)

Sollten solche Äußerungen von anderen Sitzungsteilnehmern drohen, kommt die Kunst der Moderation zum Einsatz. Sie besteht darin, kritisch-interessante Statements zu unterbinden und nur lauwarme, gehaltslose Kommentare zuzulassen.

„Der Management“ – Führen ist männlich

Das gesamte Management ist in Aufruhr. Der Personalchef hat eine gefährliche Drohung ausgesprochen. Eine Frau sei angeblich der Top-Kandidat für die neu zu besetzende Stelle in der Verkaufsleitung.

Sofort werden Ängste um das weitere Wohlergehen des Unternehmens wach. Man sorgt sich, was eine Frau wohl anrichten werde, und rätselt, wieso man keinen geeigneten männlichen Kandidaten finden konnte, wertet dies letztlich als ein Versagen des Personalchefs, der wohl eine falsche Suchstrategie verfolgt haben mußte.

Schließlich werden die Befürchtungen gemildert durch die Hoffnung, daß die Dame wenigstens gut aussehen möge und der Fragestellung, ob man mit ihr – na, Sie wissen schon – auch etwas ... anfangen könne.

Ohne Kenntnis der tatsächlichen Fähigkeiten erfolgt oft ein automatisches „downgrading“. Equity Rules in HR-Policies werden entweder schlagartig vergessen, oder sie werden zu lauen Lippenbekenntnissen.

Tatsache ist: Eine Frau im Management bringt die gesamte Organisation durcheinander. Es reicht schon, wenn die Frauen überhaupt ins Berufsleben eingedrungen sind. Aber im Management, der letzten Männer-Bastion, brauchen wir sie wirklich nicht. Hier ist entschieden Einhalt zu gebieten.

Die Arbeitsteilung ist doch die bedeutendste Errungenschaft unserer modernen Industriegesellschaft, die wir uns doch nicht von einigen wenigen Phantasten zerstören lassen dürfen. Der Buchhalter macht ja auch keine technische Planung, und der Techniker erstellt nicht den Jahresabschluß, die Stewardesse steuert nicht den Düsenjet, und der Pilot muß sich nicht um die Bewirtung der Passagiere kümmern. Das hat schon alles seine Richtigkeit so, motivierte Männer im Beruf, motivierte Frauen zu Hause am Herd. Die teilweise eingetretene Vermischung dieser Rollen hat die Motivation für beide Geschlechter schwer gestört: Die Frauen sind demotiviert, weil sie sich gegen die Männergesellschaft doch nicht so richtig durchsetzen können, die Männer sind ebenfalls demotiviert, wenn sie geschlaucht nach Hause kommen und dann noch zum Staubsauger greifen müssen. Warum also das alles?

Da ist es doch viel gescheiter, wenn alles so bleibt, wie es war. Schuster bleib bei deinen Leisten! Überfordern wir uns doch nicht gegenseitig – das beeinträchtigt nur die Effizienz in Summe: Der Mann ist eben nicht so gut im Haushalt, und die Frau ist kein Shooting Star im Management!

Ganz schlimm wird es, wenn sich beide Eheleute das Recht auf einen Führungsposten einbilden. Das geht zu Lasten der familiären Pflichten, was vor allem die Kinder zu spüren bekommen.

Wenn aber Frauen die Karriere zur Selbstverwirklichung benötigen? Vergessens Sie's, Selbstverwirklichung ist bloß eine inhaltsleere Worthülse. Man braucht sich nicht „verwirklichen“, man ist immer „wirklich“, solange man lebt; und man ist auch stets man „selbst“ (außer man ist schizophren). Selbstverwirklichung ist also nichts als ein unsinniger Pleonasmus. Außerdem darf man nicht so egoistisch denken. Hier geht es auch um gesellschaftliche Verpflichtungen der Frauen. Kindererziehung, Haushaltsführung, Altenpflege etc., es verbleiben genug Verantwortungen, die eine

Frau auslasten. Damit ist auch die Bezahlungsproblematik gelöst, denn nachdem diese Aufgaben für die Gesellschaft Sinn machen und sinnvolle Aufgabenstellungen motivieren, Geld aber andererseits (zumindest) keine (nachhaltige) Motivationswirkung ausübt, besteht allein aus motivatorischer Sicht keine Veranlassung zur finanziellen Abgeltung für diese Tätigkeiten. Außerdem werden Hausfrauen ohnedies von den Männern im Rahmen des Haushaltsgeldes versorgt.

Und zuletzt möge man den Druck nicht unterschätzen, der von einer kleinen Anzahl von Feministinnen auf jene Geschlechtsgenossinnen ausgeht, die gar nicht emanzipiert sein wollen. Der Großteil der Frauen ist ja zufrieden mit der herkömmlichen Aufgabenverteilung und will gar nicht in ein neues Rollenverständnis hineingedrängt werden.

15. Frust statt Lust

Persönliche Notizen, Kommentare, Schlußfolgerungen:

Aufgabe 15.a (für die Täter): Überlegen Sie fünf Tätigkeiten, die Frust erzeugen, und finden Sie jeweils drei Argumente, um sie als lustvolle Tätigkeiten zu verkaufen.

Aufgabe 15.b (für die Opfer): Beschreiben Sie, wie Sie Ihren beruflichen Frust so richtig ausgelebt haben (beispielsweise in Form von „Dienst nach Vorschrift") und es durch Verlagerung Ihrer Energien in die Freizeit dort zu beachtlichen Leistungen gebracht haben!

10. Irren ist tödlich!

Mitarbeiter: „Chef, ich bin bei Ihnen auf einen Fehler gestoßen! Sie wollten bereits den Vertrag mit einer neuen Firma abschließen, obwohl wir noch eine vertragliche Bindung mit dem alten Lieferanten haben. Ich habe daher eine Klausel aufgenommen, daß der neue Vertrag erst dann gelten soll, wenn der Vertrag mit dem alten Lieferanten ausgelaufen ist beziehungsweise einvernehmlich beendet werden konnte."

Chef: „So, haben Sie? Und wer hat Ihnen die Order dazu gegeben?"

Mitarbeiter: „Aber Chef, ich dachte ..."

Chef: „Denken Sie nicht zu viel. Vor allem nicht an Dinge, die Sie nichts angehen. Denken Sie lieber daran, wie Sie die Effizienz Ihres Aufgabenbereiches erhöhen können!"

Mitarbeiter : „Hier haben wir doch sowieso schon so viel getan."

Chef: „Ja, aber noch nicht genug!"

Mitarbeiter: „Okay, aber ich habe mir vor allem den Kopf darüber zerbrochen, was passieren würde, wenn wir den neuen Vertrag abgeschlossen hätten und aus der „Take or Pay"-Verpflichtung des alten nicht herauskommen sollten."

Chef: „Zerbrechen Sie sich bloß nicht meinen Kopf. Außerdem habe nicht ich den alten Vertrag abgeschlossen, sondern mein Vorgänger. Wie komme ich dazu, dessen Fehler auszubaden? Ich hätte so eine Verpflichtung nie akzeptiert."

Mitarbeiter: „Ja, sicherlich. Aber nun haben wir diese Klausel. Und jetzt müssen wir bei der neuen Vertragsgestaltung wohl darauf Rücksicht nehmen."

Chef: „Gar nichts müssen wir. Das sollen die ausbaden, die den Vertrag seinerzeit ausgehandelt haben. Ich habe keine Lust, für die Unsinnigkeiten, die andere verbrochen haben, einzustehen."

Mitarbeiter: „Aber es schadet doch nichts, wenn wir uns hier entsprechend absichern."

Chef: „Aber es schadet Ihnen, wenn Sie in meinen Verträgen herumschnüffeln! Ich weiß sehr wohl, was ich tue. Da brauche ich nicht Sie dazu, verstanden?"

„Irren ist menschlich“ – das mag ja vielleicht im Privatleben zutreffen, obwohl man auch da seine Zweifel haben kann. Es klingt nämlich geradezu nach einer Einladung, ja sogar einer Aufforderung, sich zu irren, gewissermaßen nach dem Motto „Irre Dich nur, es ist ja nichts dabei“.

Wie auch immer, im Berufsleben haben solche Parolen sicher keinen Platz. Mitarbeiter dürfen nicht irren, und Sie als Vorgesetzter dürfen dies auch nicht zulassen. Ein Freibrief für Irrtümer, das wäre ja noch schöner: Schließlich werden die Leute dafür bezahlt, daß sie ihre Arbeit gut erledigen. Und da haben Irrtümer nichts verloren. Daher ist es ganz wichtig, daß Sie ihnen mit äußerster Strenge und mit klaren Konsequenzen begegnen; greifen Sie durch, statuieren Sie ein Exempel (diese wohlklingende Redewendung ist leider schon beinahe in Vergessenheit geraten). Verwarnen Sie den Irrenden im Beisein von Kollegen, machen Sie ihn so richtig nieder. Drohen Sie für den Wiederholungsfall Konsequenzen wie die Beendigung des Dienstverhältnisses an.

Setzen Sie ein Signal für die anderen. Schlachten Sie die Gelegenheit so richtig aus. Machen Sie den Irrenden zuerst lächerlich, rügen Sie ihn dann vor seinen Kollegen und verlangen Sie, daß er seinen Fehler zugibt. Bedingungslose Kapitulation ist angesagt! Und dann berichten Sie vor allen anderen, welche Maßnahmen (ein modernes Wort für „Strafe“) Sie getroffen haben, um solche Fehler in Zukunft zu vermeiden.

Eine mögliche Maßnahme ist der Freiheitsentzug. Freilich nennt man das in diesem Zusammenhang nicht Einsperren, Gefängnis oder Haft wie im staatlichen Strafvollzug, sondern man spricht von „Aufarbeiten“, „Überstunden“, „Mehrleistung“ (natürlich ohne Bezahlung) oder ähnlichem. Die Wirkung ist jedoch ziemlich dieselbe: Es wird Macht demonstriert, indem der Wille des Untergebenen gebrochen und Freiheit entzogen wird. Statt zu Hause mit den Kindern zu spielen, sitzt er im Büro, um nach eventuellen weiteren Fehlern zu suchen oder unwesentliche Arbeitsrückstände aufzuarbeiten.

Das freut wieder die Kollegen, denn sie wissen jetzt, daß in diesem Unternehmen Gerechtigkeit herrscht. Der Böse wird bestraft, und der Gute bleibt verschont. (Aber nur, solange er keinen Fehler macht. Sonst muß es natürlich – nach dem Gleichheitsgrundsatz – auch ihm so ergehen, das verlangt sogar das Gesetz!)

So haben Sie alle richtig motiviert: Der Irrende hat sich's gemerkt und wird so bald keinen Fehler mehr machen. Auch sonst hat sich die Aktion voll gelohnt: Die anderen Mitarbeiter haben nämlich gelernt, wie wichtig es ist, Fehler zu vertuschen.

Aber das Schlimmste sind Versehen, die dem Vorgesetzten selbst passieren, sie können das (berufliche) Leben kosten. „Irren ist tödlich", so schaut's aus.

Daraus ergeben sich einige wichtige Verhaltensmaßregeln:

1. Geben Sie ja keinen Irrtum zu, das könnte Ihr größter Irrtum sein! Bestreiten Sie statt dessen, daß es sich überhaupt um einen Irrtum handelt, und versuchen Sie dann, einen anderen in Beweisnotstand zu bringen. Es ist nämlich schnell behauptet, daß ein Irrtum vorliegt, aber nur schwer bewiesen. Drehen Sie den Spieß einfach um. Die Last der Argumentation liegt nicht bei Ihnen, sondern der andere muß Ihnen nachweisen, daß Sie sich geirrt haben. Dieser Beweis glückt äußerst selten. Und sollte diese „probatio diabolica" ausnahmsweise doch gelingen, argumentieren Sie am besten, daß Sie mit Absicht so gehandelt hätten und die anderen das nicht so engstirnig sehen dürften. In einem größeren Zusammenhang macht fast alles Sinn.
2. Wenn der Irrtum doch offenkundig sein sollte, schieben Sie ihn einfach auf andere. Überlegen Sie vorher gut, wer aufgrund seiner Mitwirkung in der strittigen Angelegenheit grundsätzlich dazu in Frage kommen könnte. Und dann nennen Sie Namen. Sie können dabei nach verschiedenen Gesichtspunkten vorgehen: Entweder Sie prangern den Gutmütigsten an, wobei Sie davon ausgehen können, daß er sich nicht wirklich wehren wird, oder den Angeschlagensten, dessen Job ohnehin schon

heftig wackelt und dem Gegenwehr daher nicht mehr viel hilft, oder Sie wählen schließlich Ihren größten beruflichen Erzrivalen und nutzen die Gelegenheit, ihn bei dieser Gelegenheit wieder so richtig anzuschwärzen. Wenn Sie nach dem Motto „Steter Tropfen höhlt den Stein“ konsequent genug vorgehen, werden Sie ihn eines Tages sicher ans Messer liefern können.

3. Und jetzt das Wichtigste! Was soll man von Managern halten, die sich irren? Wenn man Ihnen daher trotz der zuvor geschilderten Abwehrmaßnahmen einen Irrtum nachweisen sollte und Sie ihn schon vor Ihrem Chef eingestehen müssen, tun Sie das ja nicht gegenüber den Ihnen unterstellten Mitarbeitern.

   Verwenden Sie alle möglichen Ausreden, aber geben Sie ja nichts zu. Ihre Mitarbeiter hätten dafür absolut kein Verständnis! Ihre ganze Autorität wäre dahin, man würde sich vielleicht gar über Sie lustig machen! Mit Sicherheit würden Sie aber als Chef nicht mehr akzeptiert werden.

   Daher Ihre Aufgaben auf der nächsten Seite.

16. Irren ist tödlich!

Persönliche Notizen, Kommentare, Schlußfolgerungen:

Aufgabe 16.a (für die Täter): Erfinden Sie zehn gute allgemeine Ausreden, um Fehler zu vertuschen.

Zusatzaufgabe (ebenfalls für Täter): Denken Sie an einen peinlichen Fehler, der Ihnen passiert ist, und erfinden Sie drei geeignete Scheinargumente, um Ihre Handlung zu rechtfertigen.

Aufgabe 16.b (für die Opfer): Beschreiben Sie, welche Vermeidungsstrategien Sie eingesetzt haben, seitdem Sie für einen Fehler so richtig gerügt worden sind, und versuchen Sie zu kalkulieren, was Sie dem Unternehmen dadurch an Schaden verursacht haben.
Gehen Sie dabei nach folgender Formel vor: unproduktive Arbeitsstunden p. M. x durchschnittliches Bruttogehalt plus Lohnnebenkosten x 10 (Arbeits-)Monate p. a. x Dienstjahre).

Zum Ausklang: Praktische Anwendungen

Ich hoffe, Sie haben sich bisher wenigstens gut amüsiert und stimmen meinen Empfehlungen größtenteils zu. Die Umsetzung in die Praxis muß ich Ihnen leider selbst überlassen.

Zur Erleichterung möchte ich aber noch einige Tips geben, wie Sie es am besten angehen:

1. *Suchen Sie Verbündete.*
   Erzählen Sie meine Demotivationsratschläge ständig weiter, und schicken Sie Ihre Kollegen möglichst zahlreich in meine Seminare. Dies ist wichtig, vor allem bei größeren Belegschaften – allein werden Sie es nicht schaffen!
2. *Entdecken Sie neue Anwendungsmöglichkeiten.*
   Der Familien- und Freundesbereich zum Beispiel liegt unverständlicherweise noch beinahe völlig brach. Warum sollen sich die ganzen Motivations-/Demotivations-Spielereien ausschließlich auf die Chef-Mitarbeiterbeziehung beschränken? Wo bleibt denn zum Beispiel die Frustrationsgemeinschaft, die Ehe? („Bis daß der Frust Euch scheidet“ – denn bis zum Tod halten es die meisten in unserem schnellebigen Zeitalter nicht mehr aus!)
3. *Demotivieren Sie Ihre Kollegen!*
   Natürlich hat man's schwerer gegenüber gleichgestellten Kollegen als zwischen Vorgesetzten und Mitarbeitern. Hierarchien wirken hier geradezu Wunder, sie entfachen schon per se demotivatorische Wirkung; dieser Effekt muß dann nur noch durch das Verhalten des Chefs entsprechend verstärkt werden. „Wie die anderen wollen“ ist ein weiterer demotivationsversprechender Zugang unter Kollegen. Bemühen Sie sich, es immer anderen rechtzumachen und deren Erwartungen proaktiv zu erfüllen. So werden Sie anfangs viele Sympathien gewinnen, und Sie werden zunächst sogar den gegenteiligen Effekt erzielen. Doch todsicher wird der Zeitpunkt kommen, wo Sie von Ihren Kollegen etwas wollen oder brauchen. Dann werden Sie auf taube Ohren stoßen und bitter enttäuscht werden; das

ärgert Sie natürlich, doch Ihr Ärger interessiert niemanden. Sie gelten ja mittlerweile als Schlappschwanz, als bloßer Erfüllungsgehilfe für die anderen. Also ist nur deren Ärger interessant, aber leider nicht der Ihre. Um Ihre Kollegen zu demotivieren, brauchen Sie diese Spielchen bloß mit umgekehrten Vorzeichen zu spielen!

4. *Demotivieren Sie Ihre Kunden!*
   Und was ist mit den Kunden? Ausgerechnet die sollen verschont bleiben? Das ist doch überhaupt nicht einzusehen! Wenn Sie schon frustriert sind, lassen Sie es doch auch die Kunden spüren. Die sind ja sowieso die meiste Zeit nur lästig. Dazu überlegen Sie sich aber zuerst gründlich, was alles Kunden so richtig demotivieren kann. Eine interessante und wichtige Aufgabe für Ihre Verkäufer, die sich gut für einen mehrtägigen Workshop eignet. Auf Kunden darf man bekanntlich nie vergessen, also sollte man auch bei der Demotivation gehörig an sie denken! Finden Sie heraus, welche Demotivationsmaßnahmen am besten greifen (wie man oft selbst als Kunde feststellen kann, sind manche Firmen darin schon sehr weit fortgeschritten – denen können Sie nacheifern!), und dann setzen Sie diese um!
   Schließlich eine Übung für die Megastars, die Überflieger unter den Demotivatoren, sozusagen die Quadratur des Kreises für Supertypen der Demotivation, eine Aufgabe von höchstem Schwierigkeitsgrad:

5. *Demotivieren Sie sich selbst!*
   Profis, die ausnahmsweise einmal mördergut drauf sein sollten, können es schaffen, diesen bedauerlichen Glückszustand durch autosuggestive Steuerung augenblicklich wieder zu beenden. Schon wird aus guter Laune wieder der ersehnte Demotivationszustand.

Ein Beispiel: Man kommt geschlaucht von der Arbeit nach Hause und freut sich auf einen geruhsamen Abend – und die Eltern oder Schwiegereltern sind auf Besuch. Welch (böse!) Überraschung. Erholung adieu! Ihr Hobby, dem Sie sich nach Dienstschluß, also am „Feierabend" widmen wollten, können Sie für die nächsten Stunden vergessen. Da muß man selbstverständlich freundlich sein und Interesse zeigen (oder wenigstens vortäuschen) und frißt den Frust in sich hinein. In Windeseile ist man wieder demotiviert.

Die Allerbesten brauchen sogar überhaupt keinen äußeren Anlaß. Sie haben sich so im Griff, daß es ihnen ganz von alleine gelingt, sich permanent zu demotivieren, indem sie in unbewältigten Problemen der Vergangenheit wie in einer offenen, nie verheilenden Wunde wühlen. Ein beliebter Trick für Psycho-Masochisten besteht darin, Probleme absichtlich nicht zu lösen, um ausreichend Leidensstoff zu haben. Achten Sie nur darauf, daß Ihnen Ihre inneren Schmerzen nie ausgehen, und fügen Sie sich möglichst viele neue hinzu!

Dazu ein weiterer kleiner Insider-Tip: Wenn Sie keine offenen Probleme haben sollten und auch keine neu herankommenden ausmachen können, bedauern Sie sich in Ihrer Rolle in längst vergangenen Problemfällen, die also bereits „Schnee von gestern" sind. Dies ist auch insofern wirksamer, als Sie hierbei keine wirklichen Handlungsmöglichkeiten mehr haben. Bei aktuellen, anstehenden Problemen könnten Sie unter Umständen etwas tun, um sie zu bewältigen; bei bereits Vergangenem haben Sie diese Möglichkeit nicht mehr.

Dann wird Demotivation in Ihr Leben Einzug halten und Ihre gesamte Zukunft prägen, ohne daß Sie sich dauernd bewußt erneut demotivieren müssen. Demotivation begleitet Sie dann beständig bis zu Ihrem Tod. Sie sind automatisch dauer-demotiviert und können sich darauf perfektionieren, andere zu demotivieren. Und bei dieser Lebenseinstellung wird Ihnen das äußerst leichtfallen!

Wenn alle schließlich demotiviert sind, bekommen auch Motivationsversuche wieder Sinn. Vorgesetzte können endlich wieder auf Mitarbeiter losgelassen werden, um sie gekonnt zu motivieren. Und sie können endlich wieder voll in die Tasten der Motivations-Klaviatur hauen. Frust auf!

3. Teil

Anti-Demotivative

3. Teil

Anti-Demotivativa

Warum wir morgens aufstehen und Schiffe bauen

In diesem Teil werden Sie wahrscheinlich knallharte Instruktionen erwarten, wie man es richtig macht; Sie werden sie nicht bekommen. Die eierlegende Wollmilchsau gibt es leider nicht. Daran kann auch die beste Motivation nichts ändern.

Apropos Motivation: den Kernsatz dazu habe ich bei Klaus Kobjoll gelesen, der Pater Albert Ziegler zitiert: „Die Motivation vieler Menschen, frühmorgens aufzustehen, besteht darin, daß sie pinkeln müssen." – Das ist wahre Motivation, davon läßt man sich durch rein gar nichts abhalten. Und selbst bei solcher Motivation kann die Sau keine Eier legen und weder Milch noch Wolle bringen.

Motivation allein löst also auch nicht alle Probleme, obwohl sie gerne als Perpetuum mobile für hohe Leistung angesehen wird. Ich möchte in meinem Buch zeigen, daß auch das oft behandelte Thema „Motivation" bei origineller Betrachtung neue Erkenntnisse zutage fördert. So gewinnt man neue Perspektiven, wenn man sich der Problematik von einer anderen Seite annähert, zum Beispiel aus der Sicht von Betroffenen, was gerade in der täglichen Personal- und Führungsarbeit unerläßlich ist. Denken Sie an die Weisheit de Saint- Exupérys: „Wenn du ein Schiff bauen willst, dann trommele nicht Männer zusammen, um Holz zu beschaffen, Aufgaben zu vergeben und die Arbeit einzuteilen, sondern lehre die Männer die Sehnsucht nach dem weiten, endlosen Meer." Daran wiederum knüpfen einige interessante Fragen Reinhard Sprengers an: „Wessen Sehnsucht? Und wessen Schiff? ... Die schiffsbauenden Männer (hatten sie auch Sehnsucht nach dem Meer oder nur der Kapitän?) sind die Dummen der Geschichte. Die beschämend Verführten. – Und wessen Reise? Zur Strafe werden die Schiffsbauer wahrscheinlich nicht einmal mitreisen dürfen. Jedenfalls bleibt es offen. – Und warum gerade zum Meer? Eine inhaltliche Diskussion des Ziels wird nicht geführt."

1. Lean & Clean – Führen als Eigenanspruch

H. C. Artmann sagt: „Der Erfinder der Nagelfeile hatte keine Fingernägel, der Erfinder des Kammes war kahlhäuptig!“

Und ich sage: Eine Führungskraft braucht keine Mitarbeiter. Führungskraft kann jeder sein.

Führung wird nämlich üblicherweise rein formal definiert: eine hohe Position in der Hierarchie, ein großes Büro, ein eigenes Sekretariat, Vollmachten, ein Dienstwagen und vor allem viele unterstellte Mitarbeiter. So definieren wir Führungskraft.

Sie werden mir zustimmen, daß dies nur sehr wenig über die Aufgabe und schon gar nichts über deren qualitative Beschaffenheit aussagt; obwohl Führen begriffsmäßig eine Tätigkeits- und Aufgabenbeschreibung, also inhaltlich definiert ist. Und das ist der Trugschluß: eine Führungskraft wird an ihrem „Dürfen“ definiert, aber nicht nach ihrem tatsächlichen „Können“.

Aus dieser Fehleinschätzung ergibt sich auch, daß ein Unternehmen aus Kostengründen glaubt, nur eine begrenzte Anzahl an Führungskräften verkraften zu können. Tatsächlich besteht aber Bedarf an wesentlich mehr Führungsleistung. Ich stelle daher hiermit den Anspruch auf „Führung für alle“! Bieten wir doch jedem Mitarbeiter wenigstens die Möglichkeit, zur Führungskraft im zugewiesenen Aufgabenbereich zu werden.

Wenn wir schon nicht für jeden Mitarbeiter Sekretärin und Dienstwagen bereitstellen können (was ohnehin nur die wenigsten erwarten), ermächtigen wir sie doch zumindest zum eigenständigen Führen und Gestalten ihres Arbeitsbereiches, selbstverständlich im Einklang mit den Unternehmensgrundsätzen und in Koordination mit den Zielen der anderen Abteilungen. (Dies bedeutet keine Einschränkung meines Grundsatzes, da auch die traditionelle Führungskraft sich laufend derart abstimmt. Warum sollen das andere Mitarbeiter nicht auch zustandebringen?). Statt dessen stehen überflüssige Abteilungsleiter der Entfaltung und Entwicklung ihrer Mitarbeiter im Wege, sie engen deren Handlungs- und

Entscheidungsspielräume ein, blockieren Initiativen und behindern deren Weiterkommen.

Bereiten wir auf der anderen Seite dem Wildwuchs an Führungskräften – wer führt denn schon wirklich? – ein jähes Ende. Reißen wir den Führungskomparsen endlich die Masken von den Gesichtern, entlarven wir die Trittbrettfahrer im Führungs-Narrenzug! Machen wir den nötigen Kahlschlag im Führungsdschungel und dezimieren wir die vielen artifiziellen Abteilungsleiter, die künstlich geschaffenen und trickreich aufgeblähten „Abteilungen" vorstehen, ohne sie wirklich zu führen, und legen wir die Kompetenz dorthin, wo sie hingehört: in die Hände der Mitarbeiter.

Was dann bleiben wird, werden wenige, unverzichtbare fachliche Leiter einerseits und die echte Unternehmensspitze andererseits sein.

„Lean Organization" allein ist zu wenig; „lean und clean" muß es heißen: schlank und befreit von unproduktivem Führungs-Wildwuchs.

Aufgabe 17: Identifizieren Sie drei Führungskräfte in Ihrem Unternehmen, und überlegen Sie, wie Sie deren Potential noch besser nutzen könnten.

2. Starre Organisationen oder durchlässige Systeme?

„Die Kriminalität organisiert sich" ist eine Zeitungsmeldung, die beunruhigt. Bei näherem Hinsehen beinhaltet sie aber doch auch eine große Chance; die Chance nämlich, daß dann eines Tages die Kriminalität an ihrer eigenen Ineffizienz scheitern könnte. Organisation wird erfahrungsgemäß leicht zum Selbstzweck. Man verwaltet um des Verwaltens willen, fernab vom eigentlichen Geschehen, dem Markt. Ein gutes Beispiel dafür ist der traditionelle Gegenspieler des organisierten Verbrechens, die Exekutive, die ja seit jeher durch und durch „organisiert" ist. Und wie! Eine Organisation im klassischen Sinne: mit Hierarchie, Befehlsgewalt, Disziplinarvorschriften, Regelungen, gewerkschaftlichen Strukturen, Pragmatisierung und so weiter.

Hier ist für den Tüchtigen kein Platz. Er hat kaum eine Chance, durch Engagement nach vorne zu kommen. In dieser Welt regieren Seniorität und „Gesinnung". Da sind Dienstjahre und natürlich das Parteibuch wichtiger als Leistung und Erfolg. Das Gehaltssystem tut ein übriges. In jungen Jahren ist man zur Erschließung einer zusätzlichen Einkommensquelle geradezu gezwungen, um sich seinen notwendigen Lebensunterhalt finanzieren zu können (dies geht natürlich zu Lasten der Arbeitsleistung im regulären Job), während man – wenn man älter geworden ist – finanziell und dienstrechtlich so abgesichert ist, daß man wieder nicht zu zusätzlichem Arbeitseinsatz bereit ist, weil der finanzielle Nutzen (zum Beispiel bei geleisteten Überstunden) im Verhältnis zum geforderten Mehreinsatz als zu gering erscheint. Man hat das einfach nicht mehr nötig! Die Beförderungssystematik unterstützt die Ansicht, daß es vielmehr die Pflicht der jüngeren Kollegen sei, mehr zu leisten um geringeres Geld. Nun, mit zunehmendem Alter und in höherer Verwendungsgruppe muß es sich ja schließlich rechnen. „Weniger Leistung für mehr Geld" heißt jetzt die Parole. Man revanchiert sich jetzt dafür, daß der Einsatz, zu dem man früher bei leistungsgerechter Bezahlung bereit gewesen wäre, seinerzeit nicht abverlangt und honoriert worden ist und man auf eine Nebenbeschäftigung ausweichen mußte, um seine Familie zu ernähren.

Ich kenne junge Mitarbeiter, die handeln mit Autos oder Computern, andere wieder vertreiben Lebensversicherungen oder helfen abends im Gastgewerbe aus. Natürlich alles illegal, weil sie nie die Zustimmung des Arbeitgebers zu einer Nebenbeschäftigung erhalten würden. Da ist es schon wesentlich leichter, sich sein Gehalt durch eigentlich nicht notwendige Überstunden aufzubessern. Zwar ist der früher damit verbundene Steuervorteil leider kaum mehr gegeben, doch läßt sich dies durch eine weitere Steigerung der Überstundenleistungen immerhin irgendwie kompensieren, und man gilt dann obendrein noch als engagierter Mitarbeiter und macht früher Karriere. Wirklich gut, unsere Systeme.

Aufgabe 18: Identifizieren Sie drei organisatorische Schwachstellen in Ihrem Unternehmen, und überlegen Sie sich bessere Alternativlösungen.

____

____

____

____

____

____

3. Auf der Suche nach neuen Strukturen

Vertrauen als Organisationsprinzip

„Organisation" ist aus motivatorischer Hinsicht ein ganz besonderes Reizwort. Organisationsprinzipien werden in internationalen Konzernen zwar zumeist in durchaus positiver Absicht entwickelt, man möchte dadurch effizient und kundenorientiert agieren oder zumindest erscheinen, verkennt aber total die Umsetzungsproblematik.

Umgesetzt wird nämlich ohne Rücksicht auf Verluste, vor allem ohne Rücksicht auf die lokalen Erfordernisse des jeweiligen Marktes. Organisationsprinzipien sind eine „heilige Kuh" und werden üblicherweise in jeder einzelnen Landesgesellschaft internationaler Unternehmen bedingungslos durchgezogen, wenn ein lokaler Managing Director nicht stark genug sein sollte, sich dem erfolgreich zu widersetzen.

Für mich bemißt sich der Wert einer Organisation aber nicht daran, ob er gewissen, international vorgegebenen Konzernprinzipien folgt, sondern ob er das vorhandene Know-how im Unternehmen optimal im Sinne der Erwartung der Kunden zur Geltung bringt und dadurch Schwachstellen beseitigt oder zumindest reduziert.

Hier daher einige Anregungen, wie Sie es garantiert falsch machen können. Der enorme Vorteil dabei: Sie demotivieren damit nicht nur Ihre Mitarbeiter, Sie demotivieren gleichzeitig auch viele Ihrer Kunden. Wir haben es also mit einem der vielgepriesenen und ständig gesuchten Synergieeffekte zu tun:

Versetzen Sie sich etwa in folgende Situation:

Sie sind Geschäftsführer einer Tochtergesellschaft eines internationalen Konzerns und haben eine Organisation, die zwar nicht frei von Schwachstellen ist, aber im wesentlichen doch einigermaßen funktioniert: So recht und schlecht eben! Und Sie waren gerade dabei, sie weiter durch personelle Veränderungen zu verbessern, da kommt es plötzlich ganz anders. Zuerst werden Ihre Initiativen gutgeheißen, und Sie werden darin sogar noch bestärkt. Doch als Sie schließlich einen geeigneten Kandidaten gefunden haben, erhalten Sie keine klare Aussage von der Generalversammlung beziehungsweise vom Aufsichtsrat. Eine wirklich interessante Persönlichkeit, intelligent und mit gutem Managementpotential, bestätigt man Ihnen. Aber „irgend etwas" sei da, was ein wenig nachdenklich mache. Nicht negativ, absolut nicht, man könne es auch nicht wirklich artikulieren. Aber doch ein Anlaß, die Sache noch einmal zu überlegen. Doch letztlich sollten Sie entscheiden, wie Sie glauben.

Etwas eigenartig, denken Sie sich, aber immerhin: Man hat Sie schließlich doch ermächtigt, zu entscheiden. Und nach einem kurzen Überdenken und Überprüfen anderer Bewerber entscheiden Sie sich abermals und endgültig für die Aufnahme und teilen dies Ihrem Gremium mit.

Dann wird es eindeutiger: Im Augenblick, so werden Sie belehrt, müsse man „aus internen Gründen" mit der Aufnahme noch etwas abwarten. Man könne noch nicht sagen, wie lange, doch alle seien an einer schnellen Entscheidung interessiert.

Jetzt wissen Sie als Insider, was es geschlagen hat: Eine Organisationsänderung steht bevor. Nun können Sie klare Entscheidungen für die nächsten Monate vergessen und Ihre Reorganisationspläne erst recht, steht Ihnen doch jetzt die Aufgabe bevor, die vom Konzern ausgearbeiteten Organisationsrichtlinien 1 : 1 in Ihrer Tochtergesellschaft termingerecht umzusetzen. Und da sind Ihre Pläne, auch wenn Sie das beste Wissen über die lokalen Verhältnisse haben, nicht weiter interessant. Im wesentlichen finden sich alle Namen des alten Managements auch im neuen Organigramm der Führungsebenen, teilweise mit neuen Funktionsbezeichnungen, aber inhaltlich doch weitgehend unverändert wieder.

Es ist wirklich interessant festzustellen, wie oft Organisationsänderungen als Chance ungenutzt bleiben, wie die Einhaltung von theoretischen Prinzipien wichtiger genommen wird als deren tatsächliche Tauglichkeit in der Praxis: Organisation als Selbstzweck. Oft ist das Bestreben vorhanden, niemandem dabei wehzutun und die erfolglose, bisherige Mannschaft unbedingt im Management zu erhalten und in andere Positionen zu pressen, wo es halbwegs passen kann. – „Establishment macht resistent". Erschwerend kommen freundschaftliche Bande hinzu, die hier plötzlich zu Fesseln werden und jede gröbere Veränderung unmöglich machen. Erfolglose Typen im Management werden nicht entfernt, sondern einer anderen Aufgabe zugeführt. Hier haben sie zunächst einmal wieder eine Schonfrist, um sich einzuarbeiten, und wenn sich ihre Untauglichkeit hier erneut unter Beweis stellt, steht ohnehin wieder die nächste Positionsveränderung bevor – das Spielchen beginnt von neuem, und der Verbleib in der Führung, allenfalls in einer anderen Funktion, ist weiterhin gesichert. So spielt sich das Peter-Prinzip in der Praxis ab!

Es folgt eine Zusammenfassung der wichtigsten Fehler bei Organisationsänderungen, die damit auch ganz wunderbar als Demotivationsinstrumente dienen können:

1. Exekutieren Sie eine theoretische Organisationsideologie formal und ohne Rücksicht auf Verluste.
2. Ignorieren Sie Alarmsignale des Marktes. Prinzip muß Prinzip bleiben.
3. Stellen Sie Ihre Mitarbeiter vor vollendete Tatsachen, und involvieren Sie sie ja nicht in diesen Prozeß. Gehen Sie über Bedenken Ihrer Mitarbeiter einfach hinweg.
4. Übertragen Sie (personelle) Schwachstellen aus der alten Organisation einfach 1:1 auf die neue.
5. Verlangen Sie Verständnis von Ihren Kunden, daß Sie über einige Monate hinweg entscheidungsunfähig sein werden. Denn die alten Gesprächspartner dürfen nicht mehr entscheiden, und die neuen stehen noch nicht fest.

6. Verlangen Sie, daß sich die Mitarbeiter den neuen Aufgaben unterordnen, auch wenn sie nicht deren Neigungen entsprechen sollten. Flexibilität ist gefragt!
7. Achten Sie peinlich genau darauf, daß keiner aus der alten Nomenklatura im neuen Management durchfällt. Sichern Sie das Führungs-Establishment optimal ab.

Organisatorische Regelungen sind überhaupt so ziemlich das Schlimmste, was jungen, ambitionierten und engagierten Mitarbeitern passieren kann. Sie begünstigen statt dessen phantasiearme, ängstliche und mutlose Typen, die vor jedem Furz, den sie lassen wollen, in einer Organisationsanweisung nachschauen, ob er nicht irgendwelchen Company Rules widerspricht. Und wenn sie noch so großen Mist produzieren, Hauptsache, er ist im Einklang mit irgendeinem Manual!

Organisation bedeutet für mich daher nur scheinbar Handlungsrahmen für Unternehmen und deren Organe, zugleich aber auch immer Beschneidung ihres Spielraums. Das steht in einem gewissen Widerspruch zu ganzheitlichem Denken und selbstverantwortlichem Handeln.

Sinnvolle Organisationsformen zeichnen sich daher durch folgende Kriterien aus:

1. *Selbstbeschränkung:* Sie verstehen sich nicht als „heilige Kuh“, sondern als reines Hilfsmittel zur Regelung betrieblicher Abläufe. Reglementierungen werden auf ein notwendiges oder (rechtlich) sinnvolles Mindestmaß reduziert.
2. *Durchlässigkeit:* Sie sind nicht anorganisch-starr, sondern belebt-dynamisch und passen sich vor allem lokalen Erfordernissen an.
3. *Flexibilität:* Handlungsspielräume sollen bestehen bleiben, lediglich negative Kompetenzkonflikte sind rigoros auszuschließen; ansonsten muß es jedoch ausreichend Raum für Handlungsoptionen geben.

4. *Kundenorientierung:* Die Organisation muß primär auf Kunden- und Marktbedürfnisse ausgerichtet werden: schnellere Entscheidungsprozesse, raschere Auftragsbearbeitung, Verringerung der Fehlerquote etc. können als exemplarische Prüfkriterien dienen. Mitarbeiter sind hierbei als interne Kunden zu betrachten, und die Organisation muß auch deren Bedürfnissen entsprechen.

Aber es sind die Angst vor wirklichen Veränderungen und auch das fast neurotische Bedürfnis nach Kontrolle, die hier enorm kontraproduktiv wirken. Letzteres steht auch neuen Arbeitsformen im Wege. Alles muß durch den Vorgesetzten entschieden und überprüft werden, auch wenn dieser aufgrund gestiegener Anforderungen gar nicht mehr in der Lage sein kann, all seinen Verantwortungen und Kontrollaufgaben nachzukommen. Dennoch halten wir eigenartigerweise Kontrolle als Organisationsprinzip aufrecht. So will es unsere Managementkultur.

Wenn ein Mitarbeiter einmal einen Schaden wirklich verursacht haben sollte (was in der Praxis selten genug vorkommt), können wir auch seinen Vorgesetzten mitverantwortlich machen. Das tut gut!

Die Folgen auf die Motivationslage im Unternehmen werden dabei häufig nicht bedacht oder zumindest gewaltig unterschätzt. Kontrolle impliziert Mißtrauen, und Mißtrauen ist der größte Motivationskiller überhaupt.

Hier muß dringend ein Umdenken stattfinden und mehr Vertrauen in unsere heutige Führungs(un)kultur Einzug halten. Allerdings muß dieses Vertrauen in beide Richtungen wirken: Der Arbeitgeber muß dem Arbeitnehmer Vertrauen entgegenbringen, andererseits müssen ihm aber auch seine Mitarbeiter vertrauen können.

Die derzeitigen arbeitsrechtlichen Rahmenbedingungen wirken ziemlich gegen diese Vertrauensthese. Sie zwingen den Arbeitgeber manchmal geradewegs zu Kontrolle und Absicherung. Die diffiziler werdenden beruflichen Aufgabenstellungen verstärken diese Problematik: sie werden allmählich unüberblickbar. Und de iure ist der Arbeitgeber den Arbeitnehmern erst recht oft ausgeliefert und auf deren Ehrlichkeit angewiesen. Entsprechende Sorgfalt und Vorsicht sind bei der Mitarbeiterauswahl sicher angebracht, aber dann sollte unbedingt wieder Vertrauen Einkehr halten.

Doch wie erwähnt muß dieses Vertrauen beidseitig sein. Auch der Arbeitgeber muß vertrauen können, etwa daß er sich nicht plötzlich, vor allem bei Beendigung eines Dienstverhältnisses, mit einer finanziellen Forderung für nicht überprüfbare Mehrleistungen konfrontiert sieht. Die Personalkosten – eine nicht gerade unwesentliche Kalkulationsgrundlage für Produkte und Dienstleistungen – müssen daher auch in einem überschaubaren Rahmen liegen. Aber de facto ist es für einen Geschäftsführer beispielsweise unmöglich vorweg festzustellen, welchen Zeitaufwand ein Mitarbeiter für die Erledigung seiner Aufgaben konkret benötigen wird, wo noch dazu immer mehr Mitarbeiter ihre Arbeitszeit „nach eigenem pflichtgemäßen Ermessen" selbst einteilen. Pauschalentschädigungen für Mehrleistungen oder Inklusivgehälter könnten hier ein Lösungsansatz sein, wenn man sie vom Nachforderungsrisiko befreit, insbesondere dann, wenn Dienstleistungen auch außerhalb der firmeneigenen Büroräumlichkeiten erbracht werden müssen oder können. Bei Heimarbeit ergeben sich deutliche Vorteile auch für Dienstnehmer, ersparen sie sich doch die täglichen Fahrten ins und vom Büro und den damit verbundenen Aufwand (vom Nutzen für die Umwelt ganz zu schweigen). Warum also nicht vermehrt zu Hause arbeiten? Eröffnen auf Vertrauen aufgebaute Unternehmenskulturen nicht ungeahnte neue Möglichkeiten und neue Arbeitsformen?

Trotz aller Bestrebungen, den Arbeitsvertrag, insbesondere in arbeitszeitlicher Hinsicht, zu flexibilisieren (die aber letzten Endes wieder darauf ausgerichtet sind, dessen Kontrahierungsmonopol zu verteidigen und aufrechtzuerhalten), wird man dessen Grundproblematik, nämlich seine Erfolgsfeindlichkeit, nicht so leicht in den Griff bekommen. Dummerweise stehen die Vertragspartner aber im Wettbewerb mit zahlreichen externen Leistungsanbietern im In- und (vor allem!) im Ausland, die immer häufiger das Rennen machen. Die „Arbeitsvertragler“ (ich verwende hier dieses Wort statt des Begriffs „Arbeitnehmer“, der in diesem Zusammenhang ein wenig zynisch erscheint, da ihnen die Arbeit de facto von den anderen weg-„genommen“ wird) behalten daher dank arbeitsrechtlicher Schutzvorschriften ihre Ansprüche bis zur wirklich letzten Minute – aber leider nicht das Arbeitsverhältnis.

Wäre es in diesem Szenario nicht überlegenswert, neben dem Methusalem des Arbeitsvertrages auch andere, unternehmerisch ausgerichtete Arbeitsformen zuzulassen beziehungsweise aktiv und konsequent nach solchen zu suchen, sie permanent weiterzuentwickeln und auf die Bedürfnisse des Arbeitsmarktes auszurichten, anstatt Alternativen wie den Werkvertrag in der Anwendung noch zu erschweren oder faktisch zumindest unattraktiv zu machen?

Fremdwort „Arbeit“

Für die Menschen ist Arbeit zu einem knappen Gut, für manche sogar zu einem echten Fremdwort geworden („Wer Arbeit hat, erledigt sie bis zur Erschöpfung, um seinen Arbeitsplatz zu erhalten. Wer arbeitslos ist, hat nicht nur sein Einkommen, sondern auch Status, Sinn und Selbstbewußtsein verloren. In beiden Fällen werden heute menschliche Talente und Kraft vergeudet“ – Weizsäcker/Lovins in „Faktor vier“). Das Angebot an Arbeit kann der Nachfrage offenbar nicht mehr so ohne weiteres standhalten.

Anders stellt sich naturgemäß die Situation für die Unternehmen dar. Sie haben in der Regel (abgesehen von gewissen Spezialgebieten) kein Problem, Mitarbeiter zu finden. Das drückt auf die Gehälter; menschliche Arbeitsleistung wird dadurch zwangsläufig billiger werden. Eine enorme Zunahme der Weltbevölkerung (eine Niedrigschätzung der Vereinten Nationen sagt für das Jahr 2050 eine Weltbevölkerung von acht Milliarden Menschen voraus, eine mittlere bereits zehn Milliarden), wird diese Tendenz weiter beschleunigen und bereits jetzt klaffende eklatante regionale Unterschiede noch potenzieren.

Daher erscheinen „Rationalisierungsmaßnahmen", die bloß die menschliche Arbeitskraft durch Maschinen beziehungsweise „Technologie" ersetzen, nicht nur makroökonomisch fragwürdig, sondern auch aus betriebswirtschaftlicher Sicht nicht unbedingt vorteilhaft.

Vielmehr können durch die Notwendigkeit, einen Return on Investment zu erzielen, Investitionen, die auf einen längeren Zeitraum abgeschrieben werden müssen, den raschen Zugriff auf günstiger werdende freie Arbeitskapazitäten vorerst blockieren oder zumindest wesentlich verzögern. Der (technische) Fortschritt in der Vergangenheit hat derart nicht nur (menschliche) Arbeit vielfach bereits vernichtet, die Arbeitsvernichtung setzt sich dadurch mit einer unglaublichen Rasanz und Respektlosigkeit immer weiter fort. Es scheint, als sei uns der Wert von „Arbeit" unbemerkt abhanden gekommen. Die Einstellung unserer Gesellschaft zu Technologie und den Menschen gegenüber tut ein übriges: Als erfolgreich gilt ein Geschäftsführer primär dann, wenn er neue Technologien in einem Unternehmen einführt und die Mitarbeiterzahl so kontinuierlich reduziert.

Zutreffend hat Peter Heintel auf die mehrfachen Funktionen von „Arbeit" ebenso hingewiesen wie auf deren gesellschaftliche Bindungsfunktion. Wir definieren soziale Gruppierungen über deren Tätigkeit und Einstellung zur Arbeit („Diese Gruppe macht das, jene Vereinigung macht jenes"). Ambrose Bierce hat bereits im vorigen Jahrhundert eine solche Bindungsfunktion gesehen, wenngleich in einer etwas anderen Bedeutung, wenn er in „Des Teufels Wörterbuch" Arbeit bezeichnet als „eines der Verfahren, durch die A Eigentum für B erwirbt". Auch daß Sie mein Buch lesen, ist primär arbeitsmäßig determiniert, auch wenn mancher Leser vielleicht nicht nur für die Arbeit, sondern auch persönlich ein wenig davon profitieren mag. Aber zumeist wird der Wunsch dominieren, erworbenes Wissen bei sich selbst oder bei Arbeitskollegen, aber jedenfalls betrieblich anzuwenden.

Des weiteren führt Heintel aus, daß sich der Begriff Arbeit im Laufe der Geschichte bedeutungsmäßig vollständig gewandelt hat und ausgehend von einer historisch negativen Besetzung als Mühe oder Plage heutzutage eine ins Positive gehende Bedeutungsänderung als Selbstverwirklichung und Freiheit erfährt. Genau darin offenbart sich jedoch eine eigenartige Doppelnatur: Diejenigen, die Arbeit haben, setzen sie ein, um sie für ihre Mitmenschen zu vernichten, distanzieren sich sodann von den Erwerbslosen und stigmatisieren diese, sie grenzen sie „zur Strafe" aus.

Arbeit ist damit das soziale Abgrenzungskriterium schlechthin. Wer Arbeit hat, der ist „dabei", wer keine oder zumindest keine regelmäßige Arbeit hat, der wird sozial „geoutet". Er braucht sich auch nicht mehr weiterzubilden, wozu denn auch, wenn er nicht mehr arbeitet. Ausbildung wird damit zum Privileg der Erwerbstätigen. Dementsprechend ist auch der Motivation ein neuer Stellenwert zugekommen: Sie ist zu einem Monopolbegriff der Arbeitswelt geworden, obwohl sie im privaten Bereich ja oft viel stärker ausgeprägt ist. Aber Motivation in der Familie oder in privaten Interessensgebieten ist nach unserer Arbeitsdefinition nicht gefragt, sondern bleibt nur der Berufswelt vorbehalten. Durch das gänzliche Auseinanderdriften von Arbeit und Familie (die wenigsten Arbeitnehmer sind heute noch in den Familienverband von Unternehmern eingebunden) leitet sich das Erfordernis einer Änderung der Legitimationsgrundlage ab: Arbeit und Motivation sind von der Privatsphäre gänzlich abgekoppelt worden.

Arbeit wird somit ausschließlich als Erwerbsarbeit definiert und dementsprechend restriktiv verstanden. Je höher das Erwerbseinkommen, desto höher ist das Ansehen in der Gesellschaft. Der Wert von begrifflich „anerkannter" Arbeit wird daher traditionellerweise ausschließlich in Geld gemessen, nicht etwa in der Bedeutung für die Familie oder die Mitmenschen oder im (positiven oder schädlichen) Einfluß auf die Umwelt. All dies bleibt so lange unberücksichtigt, als es sich nicht unmittelbar in Geld ausdrücken läßt.

Diese Einstellung bringt es mit sich, daß wir uns selbst bei bestehenden Möglichkeiten ziemlich einengen. Wir könnten beispielsweise Arbeit besser verteilen, indem wir innovative Teilzeitmodelle verwirklichen. Charles Handy weist darauf hin, daß Teilzeitarbeit im anglo-amerikanischen Arbeitsmarkt durchaus weit verbreitet ist und nur etwa 55 Prozent der britischen Erwerbsbevölkerung einem Ganztagsjob nachgeht. Er nennt auch die 1993 von der britischen Bekleidungskette Burton als Reaktion auf die Verlängerung der Tages- und Wochenarbeitszeit verkündete Firmenstrategie, anstelle von 2 000 Vollzeitjobs, die abgebaut werden sollten, 3 000 Teilzeitjobs zu schaffen. Bleibt zu hoffen, daß nicht nur Teil Eins der Strategie verwirklicht wird!

Ist es aber vom Grundsatz her nicht besser, bevor sich eine 50jährige die letzten Jahre im Betrieb abkämpft, um endlich das Rentenalter zu erreichen, sie auf Teilzeit umzustellen und durch eine junge Kraft, die auf Arbeitssuche war, zu unterstützen? Wäre es nicht auch besser, einem jungen Elternteil vorübergehend Teilzeitarbeit zu ermöglichen, als ihn zur Unterdrückung seines Trennungsschmerzes ganztägiger Beschäftigung zu zwingen? Wo liegen aber bei einer solchen Lösung die (positiven) Auswirkungen auf die Motivation? Nun, die Motivation arbeitssuchender Leute, die eine Anstellung bekommen haben, ist ja in aller Regel ohnehin gegeben. Doch auch für unsere „Fünfzigerin" – und vor allem für die Gesamtbelegschaft – kann sich eine solche Möglichkeit motivationsfördernd oder zumindest motivationserhaltend auswirken, löst sie doch die Problematik, daß deren „Preis-/Leistungs-Verhältnis", das sich im Rahmen der Gehaltshistorie entwickelt hat, gerade bei älteren Arbeitnehmern nicht mehr stimmt. Pekuniäre Mißrelationen werden nämlich unweigerlich wahrgenommen – und zwar nicht nur vom Betroffenen selbst, sondern auch von der Kollegenschaft. Diese Problematik könnte durch die aus der Arbeitszeitverkürzung resultierende Gehaltseinbuße, die wieder mit der damit verbundenen Verbesserung der Lebensqualität (mehr Freizeit) akzeptabel erscheint, entschärft werden. Lösungen dieser Art würden meistens besser aufgenommen werden als –

wie es trotz eines für ältere Arbeitnehmer verstärkten Kündigungsschutzes häufig der Fall ist – Angestellte zu entlassen.

Und die besten Möglichkeiten gibt es dort, wo Teilzeitarbeit am meisten verpönt ist: in der Führung. Eine Führungskraft mit einem Bruttogehalt von 15 000 DM pro Monat und einer tatsächlichen Arbeitsleistung von 60 Stunden pro Woche, würde doch mit 7 500 DM brutto und halber Arbeitszeit noch immer recht gut leben. Die fehlende Kapazität könnte durch einen neuen Mitarbeiter, der aus der Gehaltsdifferenz locker bezahlt werden könnte, leicht wettgemacht, ja sogar überdeckt werden. Und haben nicht Führungskräfte die Verpflichtung, ihr Wissen und ihre Erfahrung weiterzugeben und ihrerseits Nachwuchsführungskräfte heranzubilden? Außerdem können sie ihr Monopol an Know-how bei der explosionsartigen Wissensvermehrung ohnedies nicht aufrechterhalten, sie werden auf das Wissen anderer Personen immer mehr angewiesen sein. Ihre Aufgabe wird es sein, diese Personen professionell zu führen und deren Kenntnisse optimal im Sinne des Unternehmens zu nutzen, aber nicht ihr vorgestriges Wissensmonopol verbittert zu verteidigen. Und 30 Stunden müßten doch bei guter Delegation dafür noch immer ausreichend sein.

Das wahre Hindernis ist hier freilich ein anderes: Teilzeitkräfte gelten häufig als „Sozialschmarotzer", als alternativ, egozentrisch und zu wenig „company minded", wie eine Untersuchung in der Schweiz gezeigt hat. Und für solche Leute ist im Management (noch immer) kein Platz.

Wenn wir hingegen – statt die reinen Anwesenheitsstunden, den „Präsenzdienst", zu messen – den Wert von Arbeitsleistungen als wesentlichste Entgeltsgrundlage heranziehen, wird eine Beurteilung anders ausfallen: Teilzeitarbeit ist dann genauso anzuerkennen wie Full-time-contracts. Und exorbitante Mehrleistungen allein imponieren nicht, solange der Output nicht evident ist.

Daher: Bestehen Sie bei der Arbeit auf Leistung und Erfolg, aber vertrauen Sie auf den Einsatz und die Motivation Ihrer Mitarbeiter!

Aufgabe 19: Überlegen Sie sich, wie Sie „Arbeit" in Ihrem Unternehmen gerechter verteilen könnten.

____

____

____

____

____

____

4. Die Wiederentdeckung der Lust

Ist die Welt nicht paradox? In unzähligen Unternehmen werden gemäß den ISO-Vorschriften fieberhaft Abläufe dokumentiert und QM-Nummern vergeben, während in der Dritten Welt eine Unzahl von Menschen stündlich verhungert, in zerbombten Häusern in Sarajevo Kinder verzweifelt ihre Eltern suchen, ziellos umherirren, von Krankheiten dahingerafft werden, im Winter massenweise erfrieren, Straßenkinder in Bukarest der Prostitution nachgehen und Erdbebenopfer in Japan vor dem Nichts stehen. Die Überproduktion an Lebensmitteln kommt paradoxerweise nicht etwa diesen Menschen zugute, sie wird einfach vernichtet. Und das Unglaubliche daran: Man findet das schon fast selbstverständlich. Man hat sich damit abgefunden und trennt fein säuberlich: Das ist meine Aufgabe, und das ist die Verantwortung anderer; da ist man machtlos. Aber ist man das wirklich? Machen wir es uns da nicht ein wenig zu einfach?

Und was noch viel unglaublicher ist: Selbst größte Unternehmen spielen dabei mit. Vielleicht zwar nicht aus reiner Begeisterung, aber immerhin. Sie lassen zu, daß durchschnittliche Auditoren (ein Top-Manager wird sich wohl kaum für eine solche Tätigkeit hergeben) beurteilen, ob Abläufe qualitätskonform sind oder nicht. Derart pervertierte Ergebnisse werden trefflich mit dem Beispiel der Schwimmwesten aus Beton veranschaulicht. Sie sind sind state of the art nach der ISO 9000-Serie, „solange nur die Konstruktions- und Verfahrensvorschriften den ISO-Regelungen entsprechen" (so Tom Peters). Hier feiern die Erbsenzähler eine unglaubliche Wiedergeburt. Solange wir dies zulassen, werden wir immer wieder neuen Frust erzeugen. Mitarbeiter verstehen nicht, daß sie eingespielte Arbeitsabläufe in einer ungemein mühseligen Prozedur aufzeichnen müssen, daß jede Änderung einem formalisierten „Änderungs*dienst*" (in Wahrheit einer Dokumentations*pflicht*) unterliegen muß und auf der anderen Seite längst identifizierte Schwachstellen weiterhin bestehen bleiben: Hier quälen wir uns alle in einer fast masochistischen Art und Weise – vollkommen unnötig. Ich mag keine Schwimmweste aus Beton, auch wenn sie vielleicht ISO-gerecht produziert wurde!

Leider wird es einem von der hohen Politik auch nicht gerade leichter gemacht. Die EU-Gesetzgebung, die von vielen Regionen in der Art eines vorauseilenden Gehorsams bereits Jahre vor dem Beitritt übernommen wurde, engt die ohnedies schmalen Handlungsspielräume für Wirtschaftstreibende noch weiter ein. Offenbar glaubt man an die Freiheit des Marktes, aber nicht an dessen Selbstregulierungsmechanismus. Während in der Wirtschaft durch Lean-Konzepte die nicht produktiven Einheiten möglichst minimiert werden, erlebt die Verwaltung und Reglementierung in der EU eine einzigartige Renaissance.

Der klassische Appell „Sire, geben Sie Gedankenfreiheit" wird daher künftig ins Leere gehen, wenn er nicht ab sofort auch die Handlungsfreiheit umfaßt. Lassen wir wieder Privatinitiative zu. Lockern wir wieder die gesetzlichen und kollektivvertraglichen Fesseln!

„Partizipativer Führungsstil“ ist geradezu zum „Smash-Hit“ unter den Führungsmodellen geworden. Der Mitarbeiter darf an der Führung teilhaben. Das klingt gut.

Auf die Frage, worin denn die Partizipation konkret liegen solle, bekomme ich oft „am Unternehmenserfolg“ als Antwort. Den Mitarbeitern wird also Einfluß bei der Erreichung des Unternehmenserfolges eingeräumt. Auch das hört sich gut an, obwohl sie diesen Einfluß de facto ohnehin seit jeher haben. Denn wer sonst kann schon einen geschäftlichen Erfolg herbeiführen wenn nicht die Mitarbeiter? Und das Management sind ja schließlich auch Mitarbeiter.

Woran können Mitarbeiter sonst noch partizipieren? Im Rahmen eines (beschränkten) Mitspracherechts vielleicht bei der Planung und Budgetierung, allenfalls noch in einer beratenden Rolle bei (gewissen) Unternehmensentscheidungen, und schließlich verbleibt (meistens) die Ausführungsverantwortung. That's it.

Mitarbeiterpartizipation würde für mich konsequenterweise auch Beteiligung am Betriebsergebnis, also am Erfolg, aber auch am Mißerfolg in unternehmerischer Hinsicht bedeuten: Mitwirkung bei der Unternehmensplanung (ist auch derzeit oft der Fall), eigenständige Umsetzung (auch noch relativ häufig), aber auch finanzielle Beteiligung am Ergebnis. Gewinne sollten demnach einkommenserhöhend, Verluste einkommensmindernd wirken.

Unternehmerisches Handeln erfordert unternehmerisches Denken; dieses ist aber wesentlich auf die Erlangung eines (eigenen) wirtschaftlichen Vorteils gerichtet. Hier sind primär die Gesetzgebung und die Kollektivvertragspartner gefordert, entgeltliche Rahmenbedingungen zu schaffen, die derartiges generell ermöglichen. Aber auch jetzt gibt es schon einigen Spielraum, den man besser nutzen könnte. Wenn man schon nicht so weit geht zu überlegen, unseren gegenwärtigen Unternehmensbegriff überhaupt neu zu definieren, wäre eine Beteiligung am Unternehmensergebnis eine logische Forderung, um unternehmerische Handlungsformen zu forcieren.

Haben wir außerdem den Mut zu neuen Arbeitsformen. Lassen wir „Job Sharing", „Tele Working" und „Job Rotation" nicht nur als reine Worthülsen in der Theorie existieren, sondern erproben wir sie auch real und suchen doch aktiv nach neuen Formen, die die im Koma liegende Arbeitsfreude wiederzubeleben vermögen.

Freilich hat der Lust-Verlust eine Vielzahl von Ursachen. Ihm kann daher auch nur mit einem entsprechenden Maßnahmenpaket entgegengesteuert werden. Ein mir in diesem Zusammenhang erfolgversprechend erscheinender Lösungsansatz ist die nachhaltige Verbesserung der Ausbildung. In einer Optimierung der Qualifikation liegt ein zentraler Angelpunkt. Viele Demotivationsfaktoren, wie wirtschaftliche Instabilität, Unsicherheit über zukünftige Erwartungshaltungen oder bevorstehende Veränderungen in den beruflichen Anforderungen, verlieren einen Großteil ihrer Sprengkraft, wenn sich Mitarbeiter aufgrund einer soliden Ausbildung befähigt fühlen, auch andere, höherwertige Aufgaben zu übernehmen beziehungsweise wenn sie beruflich mobil und veränderungsbereit sind.

Auch die Führungskräfte müssen hier mitwirken. Tatsächlich ist deren Verhalten leider oftmals kontraproduktiv. Zunächst ist auch bei ihnen selbst Aus- und Weiterbildung weiter gefragt, und zwar vielleicht noch mehr als bei den anderen Mitarbeitern. Manche von ihnen stützen sich jedoch nach wie vor lediglich auf ihre schulische oder universitäre Ausbildung und haben tagein, tagaus immer nur an einer Steigerung ihrer Sachleistung gearbeitet, aber die Führungsleistung völlig vernachlässigt, so daß hier ziemlicher Nachholbedarf bestehen dürfte. Und diejenigen unter ihnen, die es wirklich versucht haben, haben es – so behaupte ich – oft falsch oder zumindest einseitig getan. Adressat der Führung darf nämlich nicht bloß der Mitarbeiter sein, sondern auch – und vor allem – die Führungs*kraft* selbst und das Unternehmen. Die Energie der Führungskraft (schon begrifflich ausdrücklich gefordert) darf nicht allein auf die Mitarbeiter konzentriert werden, sie muß sich auch auf die Schaffung geeigneter Rahmenbedingungen erstrecken. Dazu einige Beispiele:

- Optimaler Einsatz für jeden einzelnen Mitarbeiter aufgrund seiner Qualifikation, aber auch unter Berücksichtigung seiner persönlichen Neigungen und Interessen (selbstverständlich natürlich immer nur im Rahmen des betrieblichen Bedarfs),
- Ermöglichung reeller Aufstiegschancen für alle engagierten Mitarbeiter,
- Schaffung leistungsfördernder Arbeitsbedingungen im Unternehmen,
- Schlachtung der „heiligen Kuh Organisation" zugunsten flexibler, kunden- und mitarbeiterorientierter Betriebsstrukturen,
- Forcierung interner Karrieren (mit Zuführung neuer Kräfte primär an der Basis),
- planvolle Selektion unpassender Mitarbeiter, aber auch
- Gewährleistung größtmöglicher Arbeitsplatzsicherheit für die Gesamtbelegschaft.

All diese Rahmenbedingungen und viele andere mehr sollten zwar zentral vom Geschäftsführer oder vom Personalleiter ermöglicht werden; sie zu konkretisieren, zu optimieren und weiterzuentwickeln erfordert aber einen dauerhaften, dialogischen Prozeß mit den Mitarbeitern. Wieder eine große, ständige Herausforderung.

Aufgabe 20: Überlegen Sie sich konkrete Maßnahmen, die die Arbeitsfreude in Ihrem Unternehmen wieder erhöhen könnten.

____

____

____

____

5. Wer die Wahl hat ...

In dem geschilderten Szenario kommt dem Recruiting größtmögliche Bedeutung zu. Wir müssen uns Leute aussuchen, die aufgrund ihrer Ansichten und ihrer persönlichen Wertvorstellungen zu uns passen und vorhandene Unternehmenskulturen optimal gestalten und zukunftsorientiert weiterentwickeln können. Wer die Wahl hat, hat daher nicht etwa die Qual, sondern eine enorme Chance: die Chance nämlich, den Besten für eine vakante Position und die speziellen Erfordernisse des Unternehmens zu finden. Und wer die Chance hat, der hat auch die Verpflichtung, den Bestgeeigneten zu suchen.

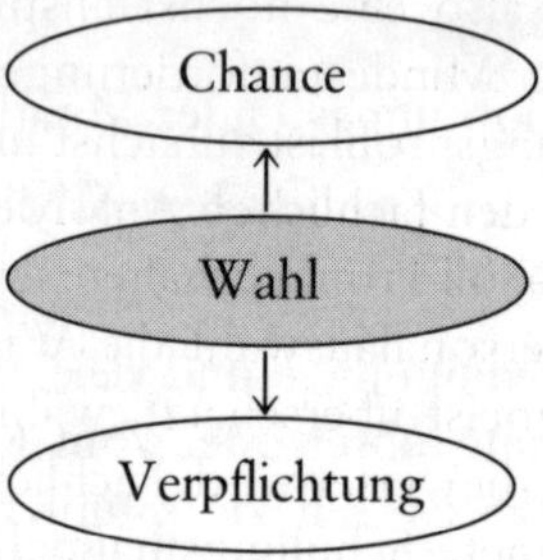

Wie aber läuft es tatsächlich ab? Das Recruiting ist oft ein ungeliebter Prozeß, eine (scheinbar) unproduktive Prozedur, die keiner so richtig mag: Stets werden zuerst die hohen Kosten gesehen („10 000 DM für die Suche sind ein Wahnsinn!"), dann muß es meist schnell gehen, („Haben Sie endlich jemanden gefunden?" – Man lasse sich diese Formulierung auf der Zunge zergehen: „jemand" wird gesucht und nicht „der beste Kandidat" oder wenigstens „unser neuer Mitarbeiter". Man sucht oft „jemanden, der rasch beginnen kann".)

Ein, zwei oder drei Monate Vakanz werden schlimmer empfunden als das Risiko, nicht „den Richtigen" zu finden. Ich gratuliere allen Führungskräften, die so denken: Und es sind nicht wenige.

Aufgrund dieser Einstellung wird die Personalsuche auch gerne delegiert, sie eignet sich (nach der Sicht vieler „Praktiker") gut für junge Mitarbeiter, die eben „rasch und kostengünstig jemanden finden" sollen. Hier liegt einer der Grundfehler. Recruiting ist eine der wichtigsten Aufgaben in einem Unternehmen. Immerhin werden dabei die Weichen für die Zukunft gestellt.

Sicherlich hat die Bewerberselektion auch ihre Schattenseiten. Wieviele Vorstellungsgespräche habe ich in meiner Berufstätigkeit schon geführt, die nicht mit einer Aufnahme geendet haben? Und obwohl man das manchmal sehr rasch erkannt hat, kann man nicht gleich Schluß mit dem Interview machen, auch wenn man sehr unter Zeitdruck stehen sollte. Es ist verdammt hart, nicht nur der Beste zu sein, sondern auch, den Besten zu finden.

Das Recruiting ist also eine höchst anspruchsvolle Aufgabe, die gewisse qualitative Mindestanforderungen zu erfüllen hat. Ein genaues Anforderungsprofil ist zunächst unabdingbare Grundlage. Hierin muß neben den fachlichen Anforderungen unbedingt auch ein Persönlichkeits-Soll-Profil enthalten sein. Ganz allgemein wird nämlich bei der Personalauswahl die Wichtigkeit der fachlichen Voraussetzungen meist überschätzt, während die Bedeutung der Persönlichkeit unterbewertet wird. Fachliche Mankos können aber später durch geeignete Schulungsmaßnahmen noch relativ leicht behoben werden, leichter jedenfalls als gewisse Persönlichkeitsmerkmale verändert werden können, die nicht gut genug hinterfagt worden sind. Für den technischen Außendienst beispielsweise ist man oft viel zu sehr auf die technischen Fertigkeiten fokussiert, als daß die Verkaufsbegabung, die Kommunikationsstärke und die Kundenorientierung ausreichend geprüft würden.

Sehr häufig werden auch eindeutige Erwartenshaltungen nicht mit der nötigen Klarheit offengelegt oder überhaupt verschwiegen. So wird etwa bei erwarteter dauerhafter Überstundenarbeit gerne wirr herumgeredet. Es wird beteuert, daß es schon mal vorkommen könne, aber sicher nicht zu häufig und schon gar nicht regelmäßig. Dafür könne man an anderen Tagen wieder früher nach Hause gehen. Und dann stellt sich die volle Wahrheit heraus. Kein Wunder, wenn es daraufhin mit der Motivation des neuen Mitarbeiters schlecht steht.

Auch die übertriebene Demut vor „echten Spezialisten“ bei Einstellungsgesprächen erweist sich nachträglich meist problematisch. Einerseits führt sie dazu, daß das Gespräch oberflächlich bleibt. (Manche Interviewer trauen sich möglicherweise aus Respekt nicht nachzuhaken, andere haben vielleicht Angst, sich durch „blöde“ Fragen zu blamieren.) Die Rechnung wird einem später präsentiert: Die einen fügen sich nicht richtig ins Team ein, andere behalten ihr Wissen für sich und so weiter. Aus diesem Grund müssen für „Experten“ im Auswahlverfahren jedenfalls dieselben, ja tunlichst sogar noch strengere Maßstäbe gelten.

Schließlich muß der zukünftige Vorgesetzte in das Auswahlverfahren entsprechend involviert werden, damit sich alle ein Bild machen können, wie die spätere Zusammenarbeit funktionieren könnte und er sich auch nicht nachträglich von der Entscheidung distanzieren kann. Dabei sind Tests, wenngleich teilweise durchaus umstritten, meist nützlich, um sich eine bessere Vorstellung über die zu erwartenden Leistungen zu machen oder sie zumindest abzurunden, wobei hier auch fachliche Eignungstests nicht ganz in Vergessenheit geraten sollten.

Und noch ein weiterer Grundsatz ist sehr wichtig: Im Zweifelsfalle keine Besetzung! Nur wenn man überzeugt ist, den optimalen Mitarbeiter gefunden zu haben, sollte man eine Aufnahme durchführen. Nach dem Motto „Es wird schon gutgehen“ können keine professionellen Personalentscheidungen getroffen werden.

Zum Abschluß noch ein wichtiger, wirklich ernst gemeinter praktischer Tip für Ihre künftigen Recruitings: Suchen Sie nach schizophrenen Typen! Sie fragen mich, warum? Ganz einfach! Weil nur Leute mit einer fortgeschrittenen Persönlichkeitsspaltung den heute gestellten Anforderungen gerecht werden können, wie die folgenden Beispiele, die aus konkreten Anforderungsprofilen entlehnt sind, zeigen werden:

- starke Persönlichkeit (aber doch jederzeit bereit, seine Gesinnung der vorgegebenen Corporate Identity zu opfern);
- hohe Intelligenz (aber doch blöd genug, um einen durchschnittlichen Chef zu akzeptieren);

- Objektivität (aber nur, solange keine internen Schwachstellen aufgedeckt werden);
- Kunden- und Serviceorientiertheit (aber nur, solange es der Firma kein Geld kostet);
- äußerst starkes Verhandlungsgeschick (aber größte Nachgiebigkeit in eigenen Belangen, beispielsweise Gehalt, dienstvertragliche Regelungen etc.);
- Familiendenken (aber doch jederzeit bereit, bei einem beruflichen Termin Frau und Kinder bedenkenlos zu vernachlässigen);
- Kommunikationswillen (aber nur, solange zu heiklen Fragen nicht wirklich Stellung genommen wird).

Und letztendlich sollten Sie den Recruitingprozeß auch als Chance dafür ansehen, Gleichberechtigung von einer reinen Worthülse zu einem aktiven, inhaltserfüllten Unternehmensgrundsatz zu machen. Nicht nur die Frauen, sondern auch das Unternehmen werden es Ihnen danken, denn wie formuliert es Gertrud Höhler? „Was Frauen können, das wird heute in der Wirtschaft zum knappen Gut. Es sind die Fähigkeiten zur Kommunikation, zum Hören und Sprechen, die im Personalwesen und in der öffentlichen Debatte eine steigende Rolle spielen."

Aufgabe 21: Listen Sie auf, was Sie alles bei Ihrer nächsten Einstellung anders machen werden.

____

____

____

____

____

6. Trivialformeln am Ende?

Eine böse Erkenntnis: Auf dem Trümmerfeld aus Industrie- und Menschenruinen (letztere werden leider leicht übersehen) müssen immer mehr Hoffnungen zu Grabe getragen werden. Die triviale Gleichung „Arbeit bringt Konsum – Konsum bringt Arbeit" geht nicht mehr auf. Auch die Wirtschaftsprognosen (sind es nicht eher Wirtschaftshypothesen?) mußten in der letzten Zeit ständig nach unten revidiert werden. Ist der Konsum an seine Grenzen geraten? Weiteres dürfte das ökonomische Wunschprogramm des Dauerwachstums derzeit durch die Realität widerlegt werden. Und bei Wahlen wird die Vorhersage des Ausgangs für Meinungsforscher immer schwieriger. Was ist los mit unseren Trends? Auf welche traditionellen Mechanismen kann man sich heutzutage überhaupt noch verlassen?

Hier interessiert uns insbesondere ein anderes Beispiel: Motivationsdefizit – Lob – Motivationsanstieg, lautet das unermüdliche „Wünsch-Dir-was" der Vorgesetzten. Aber plötzlich versagen unsere altvertrauten Mechanismen. Tote Hose trotz Lobeshymnen. Was ist hier wieder passiert?

Sicherlich wirken hierbei mehrere Faktoren zusammen, wovon ich einen ganz besonders hervorheben möchte: die Außerachtlassung qualitativer Merkmale. Wir können mit qualitativer Beurteilung einfach nicht richtig umgehen, deshalb bemühen wir uns, sie zu „objektivieren" und mittels einer Bewertungsskala letztlich wieder in einen quantitativen Rahmen überzuführen. Ein gutes Beispiel ist das „Total Quality Management"; Qualität wird dabei an rein formalen, inhaltlich aber höchst zahnlosen Kriterien geprüft.

Dieselbe Problematik gibt es grundsätzlich auch bei Mitarbeitergesprächen, insbesondere wenn sie mit Beurteilungen verbunden sind. Natürlich haben Mitarbeitergespräche an sich schon ihre Berechtigung, sofern sie fachgerecht und differenziert eingesetzt werden. Meine Kritik bezieht sich aber auf die herkömmliche Form von im Jahresrhythmus wiederkehrenden Beurteilungsgesprächen.

Wir tun uns leicht, äußerliche Kriterien wie Auftreten, Einsatz, Fleiß etc. zu beurteilen. Wir tun uns dabei manchmal sogar zu leicht. Wir bewerten das „Auftreten“ uns gegenüber als Auftreten allgemein, wir machen den „Einsatz“ an einzelnen Eindrücken fest, die (nur?) wir haben und schließen dann verallgemeinernd auf den Einsatz schlechthin. Professionell? Und wäre es nicht überhaupt viel interessanter, statt der Leistungen der Vergangenheit das Potential und die zukünftigen Entwicklungsmöglichkeiten (auch außerhalb der gegenwärtigen Verwendung) zu beurteilen?

Oder wäre es nicht lohnenswerter zu versuchen, die Leistung von Mitarbeitern materiell, also ihrem Inhalt nach zu bewerten? Und erschiene es nicht reizvoll, dabei ein wenig über den Tellerrand hinauszuschauen und auch auf allgemeine gesellschaftliche Auswirkungen einer Leistung, etwa im ökologischen Bereich, zu achten? Dabei geraten wir an die Grenzen des Meßbaren beziehungsweise haben sie bereits überschritten. Hier befinden wir uns im weiten Raum der Wertvorstellungen und Geisteshaltungen, die auch für den Unternehmenserfolg eine große Rolle spielen. Diese sollen, können und müssen im Recruiting-Prozeß hinterfragt und auch in der Folge, etwa im Rahmen von Mitarbeitergesprächen, immer wieder thematisiert werden. Nur werden wir uns dabei mit unseren traditionellen Beurteilungsverfahren schwer tun!

Die Trivialisierung bei Mitarbeitergesprächen und Zielvereinbarungen (da Zielvereinbarungen fast nur im Rahmen von Mitarbeitergesprächen zustandekommen können, werden beide Instrumente hier zusammenhängend behandelt) ist, wie nachstehend gezeigt werden soll, ein Haupthindernis, das einer zweckgerechten Anwendung und erst recht einer zukunftsorientierten Weiterentwicklung dieser Systeme entgegensteht.

Anwendungsspektrum für Mitarbeitergespräche

Auf die Frage, was denn mit der Einführung von Jahresgesprächen bezweckt werden solle, bekommt man die verschiedensten Antworten. So sagte etwa ein Manager eines Großkonzerns: „Der Informationsfluß soll dadurch wesentlich verbessert werden." Ich weiß nicht, ob das ehrlich gemeint war und habe da jedenfalls so meine Zweifel.

Wir sollten nämlich nicht dem Trugbild unterliegen, daß keine Informationen ausgetauscht würden, wenn es kein Jahresgespräch mit Mitarbeitern gibt. Die Informationen laufen auch so, und zwar intensiver als Sie denken. Das ist natürlich keine Neuigkeit, so daß es auch diesem Manager in Wahrheit um etwas ganz anderes gehen dürfte: Es geht weniger um den Informationsfluß als um Informationseinfluß. Ich halte es für eine reine Illusion, dies ausgerechnet von einem Jahresgespräch zu erwarten. Einerseits ist der jährliche Abstand viel zu lange, um einigermaßen aktuell zu informieren, dies kann nur unverzüglich erfolgen. Doch auch wenn Sie sich davon Informationen erwarten, sollten Sie Ihre Vorstellungen revidieren. Denn Sie sollten sich nicht mit einer Momentaufnahme zum Jahresende begnügen, sondern generell Ihre diesbezügliche Sensibilität erhöhen und auch während des Jahres empfänglich für Signale aus der Belegschaft sein, um gegebenenfalls sofort reagieren zu können.

Im Jahresgespräch können Sie sich zum Themenkreis „Informationsmanagement" lediglich ein gewisses Feed-back holen, wie rasch und wie vollständig sich die Mitarbeiter informiert fühlen und ob es tendenziell besser oder schlechter geworden ist.

Und glauben Sie ja nicht, daß man Ihnen immer die Wahrheit sagen wird, erst recht nicht bei Gesprächen mit offiziellem Charakter, die meist mit Unterschrift besiegelt werden. Sie können schon froh sein, wenn Sie die halbe Wahrheit erfahren. Seien Sie nicht so naiv anzunehmen, daß man zu Ihnen vielleicht wegen

Ihrer Position zu Ihnen ehrlich sein wird. Gerade das Gegenteil ist der Fall.

Daher ist es meist viel interessanter, was einem auf informellem Wege zu Ohren kommt. Die bedeutendsten Mitteilungen habe ich stets nur en passant aufgefangen. Und noch wichtiger erschien mir immer das, was nicht ausgesprochen wurde. Solange zum Beispiel offen über das Management gesprochen wird, egal ob im Positiven oder kritisch, können Sie beruhigt sein. Sobald Sie aber keine Kommentare mehr hören, sollten die Alarmglocken läuten. Entweder die Führung ist kein Thema mehr, dann stehen die Mitarbeiter offenbar nicht mehr hinter Ihnen, oder das Kommunikationsklima ist bereits stark „vergiftet", und man traut sich deshalb nicht mehr, oder aber die Informationen laufen an Ihnen vorbei, man vertraut Ihnen also nicht mehr so richtig. All diese Gründe sollten Anlaß genug sein, der informellen Informationskultur wesentlich mehr Bedeutung zu schenken.

Dennoch sind natürlich auch formalisierte Mitarbeitergespräche wesentlich besser als – wie es auch oft genug vorkommt – gar nicht mit den Mitarbeitern zu reden. Das wird mir auch immer von Mitarbeitern aus Unternehmen, wo dieses Instrument neu eingeführt wurde, bestätigt. Ich möchte aber davor warnen, das MAG als „Allheilmittel" anzusehen und nachstehend auf die gängigsten Gefahren hinweisen, denen es zu entgegnen gilt. Im Vorfeld seiner Einführung ist zunächst einiges abzukären. Mir kommen hierzu folgende Fragen in den Sinn:

- Was soll überhaupt durch das MAG bezweckt beziehungsweise erreicht werden?
- Wann ist der richtige Zeitpunkt dazu?
- Sind die Führungskräfte dazu reif genug?
- Werden sie Vorschläge und Kritik positiv aufnehmen und sich nicht „auf den Schlips getreten" fühlen?
  - Werden sie Anregungen von Mitarbeitern an die Geschäftsleitung weitergeben oder sie der Einfachheit halber lieber gleich „abwürgen"?

- Werden sie dabei die Urheberschaft des jeweiligen Mitarbeiters wahren oder die Ideen als „eigene Werke“ verkaufen?
- Wie werden sie mit Anliegen von Mitarbeitern umgehen? Werden sie sie wirklich ernst nehmen und dafür eintreten?

- Ist das Unternehmen überhaupt gewillt, sich zu verändern? Und ist es bereit, auch auf Vorschläge von der Basis zu hören? Oder horcht man sowieso nur auf die Shareholders und auf externe Consultants? Reine Alibi-Plaudereien sind wertlos, ja sogar schädlich, weil sie Erwartungshaltungen in den Mitarbeitern wecken, die vorerst zwar einen gewissen Motivationsschub erzeugen, der aber bei deren Nichterfüllung unweigerlich ins Gegenteil umschlägt.
- Ist das Unternehmen auch in der Lage, sich aus eigenem Antrieb zu verändern? (Ich denke hier an Konzernbetriebe, deren Handlungsfreiheit von der Muttergesellschaft oft doch recht begrenzt wird. Da hängt es dann meist vom Einfluß und der Durchschlagskraft des Regionalleiters ab, was wirklich umgesetzt werden kann).
- Ist man auch konsequent genug? Ist man bereit, bei Veränderungen notfalls auch Konflikte in Kauf zu nehmen?
- Was wird man tun, um das MAG nicht zu einer verstaubten Routine werden zu lassen?

Nach Klärung all dieser und möglicherweise einer Reihe weiterer Fragen wird man feststellen, daß für ein institutionelles MAG im Sinne eines standardisierten Jahresgesprächs ein relativ eingeschränkter Anwendungsbereich verbleibt, wie die nachstehende Übersichtsdarstellung verdeutlichen soll:

Thema	Jahres-MAG	Sonstige
Arbeitsumstände und -zufriedenheit (Kooperation)	ja	
Feedback & (strategische) Planung	ja	
Gehaltsgespräch		anlaßbezogen
Informationsaustausch		anlaßbezogen
Kommunikation		laufend
Konfliktlösung		anlaßbezogen
Kritik		anlaßbezogen
Leistungsbeurteilung	im 1. bis (max.) 3. Jahr	danach anlaßbezogen
Lerninitiativen, Lernreflexion	ja	
Potentialentwicklung (Karriereplanung)	ja	
Problemlösungen		anlaßbezogen
Verbesserungsmanagement (Qualitäts- und Systemverbesserungen)	ja	
Zielvereinbarung	teilweise	anlaßbezogen

Beurteilen Sie subjektiv!

Besonders heikel ist die Situation, wenn ein solcher Dialog mit einer Mitarbeiterbeurteilung beziehungsweise einer Gehaltstangente verknüpft ist (kein seltener Fall).

Nun ist Prostitution angesagt. Kleinkram muß als Erfolg, gute Ergebnisse müssen als Mega-Leistung verkauft werden, da ein „B“ oder ein „C“ in der Gesamtbeurteilung („A“ bleibt ja für CEOs vorbehalten) knallharte finanzielle Folgen hat; dieser kleine alphabetische Unterschied kostet nämlich bares Geld.

Ganz „in“ sind derzeit Entlohnungsmodelle, die die Meinung der Kollegen in die individuelle Gehaltsfindung einbeziehen. Hier schlägt wieder die Stunde der Mobber!

Die innerbetriebliche Kommunikation tut ein übriges. Unter dem Deckmäntelchen betrieblicher Demokratie ist man an einem ständigen Dialog mit seinen Mitarbeitern interessiert; dies allerdings vorwiegend äußerlich und nur so lange, als er für die Führung nicht unbequem wird. Dann greift man rasch zur traditionellen „Befehlsausgabe“ zurück.

In solchen Betrieben läuft die Kommunikation ständig nur top-down und hat primär Verlautbarungscharakter. Das Ziel ist ein einheitliches Informationsniveau und die Schaffung einer einheitlichen Denkweise als Teil der Corporate Identity.

Diese zwingt einen, wenn schon nicht zur Aufgabe der eigenen Persönlichkeit, so doch zur weitgehenden Rücknahme der Individualität, zur bedingungslosen Unterordnung unter die Corporate Culture.

Dazu kommt das janusköpfige Korsett der Loyalität, wo man zwischen Loyalität dem Unternehmen gegenüber und Loyalität gegenüber dem Vorgesetzten hin- und hergerissen wird. Wie soll man sich hier verhalten, wenn man noch dazu berechtigte Zweifel an der Linie des Vorgesetzten, der ja das Unternehmen repräsentiert, haben sollte? Die Loyalität legt sich selber lahm.

Und in diesem Spannungsfeld soll man noch Kreativität entwikkeln, und die Leistung soll kontinuierlich gesteigert werden. All das ist ein ausgezeichneter Nährboden für das Mobbing, denn dadurch kann leicht von den eigenen Unzulänglichkeiten abgelenkt werden.

Kritisches Denken ist zwar erwünscht, aber primär, wenn es sich um Selbstkritik handelt oder gegen Dritte richtet. Hier werden absolute Konfliktfähigkeit und entsprechende Nehmerqualitäten erwartet. Man muß halt auch etwas einstecken können. Anders sieht es aus mit der Kritik am Unternehmen, selbst wenn sie positiv gemeint ist, oder der Kritik am Vorgesetzten, die ja überhaupt unakzeptabel ist. Das könnte ja vielleicht der Loyalitätserwartung des Chefs widersprechen.

Kritische Geister fordern außerdem die Opposition der Schwachen heraus, die Änderungen bestehender Routinen befürchten, weil sie diese entweder für unbequem halten oder sie sich zu ihrer Umsetzung nicht in der Lage fühlen. Hier funktioniert die Solidarität, die bei den gewerkschaftlichen Bewegungen aus der Mode gekommen ist, als Schutzmechanismus noch ganz gut. Seilschaften der Inkompetenz bewähren sich doch immer wieder.

Nicht selten läuft kritisches Denken auch den schönfärberischen Darstellungen der Geschäftsleitung zuwider, auf die von den Empfängern (=Arbeitnehmern) ausschließlich mit ergriffener Demut und Bewunderung zu reagieren ist. An vom Vorstand abgesegneten Konzepten läßt sich bekanntlich nicht mehr viel rütteln. Ein Top-Manager eines multinationalen Konzerns brachte es auf den Punkt, als er trefflich formulierte: „Eighter you are in or you are out!" („Entweder Sie sind dabei, oder Sie sind draußen!") Vielleicht nicht sehr charmant, aber doch sehr wirklichkeitsnah.

In diesem Szenario sind Beurteilungsgespräche oft eine schier unerschöpfliche Quelle von Enttäuschung, Frustration und Demotivation, was in der Praxis gar nicht so selten vorkommt, wie man vielleicht glauben möchte. Daher wäre es sinnvoll zu überdenken, ob man eine immer wiederkehrende Beurteilung überhaupt braucht oder ob es nicht ausreicht, eine erste Beurteilung nach erfolgter Einarbeitung in eine (neue) Position mit einer Wiederholung innerhalb eines Jahres vorzunehmen, doch dann könnte man es eigentlich dabei bewenden lassen. Weitere Beurteilungen sollten dann nur bei entsprechenden Anlässen, etwa deutlichen (positiven oder negativen) Leistungsänderungen oder geänderten beruflichen Aufgabenstellungen erfolgen.

Die Frage, die Personalisten und andere Manager gleichermaßen quält, ist aber meist die nach der Objektivität, deren Bedeutung meines Erachtens weit überschätzt wird. Der Wunsch vieler Führungskräfte nach einem „objektiven Leistungsbeurteilungssystem" ist zwar verständlich, allein: er bleibt praktisch unerfüllbar. Wenn überhaupt, ist das Streben nach Beurteilungssystemen vielleicht bei internationalen Konzernen mit entsprechend großer Mitarbeiteranzahl einleuchtend; bei kleineren Unternehmen handelt es sich oft um reine Alibiaktionen als Ausdruck des Strebens, es den Großen gleichzutun. Hier ist oftmals der Aufwand größer als der Nutzen. Vor allem ist es nicht das einzige (und sicher nicht das beste) Mittel, um seine Führungsziele zu erreichen, es gibt viel effektivere: Suchen Sie sich beispielsweise die richtigen Mitarbeiter, und drücken Sie sich klar genug über Ihre Erwartungshaltungen aus. Das ist wesentlich wichtiger!

Professor Heintel unterscheidet zwischen anorganischer und sozialer Wirklichkeit und weist zutreffend darauf hin, daß unser Wirtschaftssystem von der Produktion, also Anorganischem, geprägt wird. Darauf beziehen sich unsere Meßsysteme. „Problematisch wird es aber", so Heintel, „wenn die von hier ausgehenden Meßsysteme auch auf die Bewertung aller anderen Arbeit übertragen werden." Dem ist zuzustimmen.

Ganz paradox wird es, wenn Mitarbeitergespräche von Vorgesetzten geführt werden, die als Führungskräfte ihrerseits unternehmensintern angezweifelt werden. Kein selterner Fall! (Dies ist hauptsächlich darauf zurückzuführen, daß man sich offenbar leichter tut, einen „Indianer“ abzubauen als einen „Häuptling“. Während also einfache Mitarbeiter relativ leicht und rasch ersetzt werden, wenn sie nicht den Erwartungen entsprechen, macht man bei Führungskräften gerne Kompromisse und findet sich mit Führungsmängeln ab, indem die Führungsleistung gegenüber einer in der Regel recht guten Sachleistung unterbewertet wird. Die meisten Führungskräfte kennen ihre eigenen Mankos selbst ganz gut, tolerieren sie jedoch; sie stehen daher auch Schwächen ihrer Mitarbeiter recht verständnisvoll gegenüber. Dadurch entsteht ein Multiplikatoreffekt an Inkompetenz: Qualifikationsmankos zur Potenz, die nicht behoben werden, was sich wieder in einer resignativen Einstellung der engagierten Mitarbeiter niederschlägt.)

Leistungsbeurteilungskriterien sind stets subjektiv: Was einem Menschen wichtig ist, mag für einen anderen – abgesehen von einigen allgemein gültigen Grundwerten – unerheblich erscheinen. Es gelingt in einem MAG schon nicht immer, eine gemeinsame Sicht (also eine Übereinstimmung von bloß zwei Meinungen!) über den Wert einer Leistung zu erzielen. Wie soll da erst der objektive Wert ermittelt werden? Was ist überhaupt der „objektive Wert“? Ist es etwa der Wert für eine Abteilung, repräsentiert durch den Vorgesetzten beziehungsweise den Bereichsvorstand? Müssen nicht diese Personen am besten wissen, wie wichtig die Leistung ist und wie gut sie erbracht wurde? Aber wie können auch sie sich von ihrer Subjektivität, also ihren Gefühlen und ihren persönlichen Werthaltungen freimachen? Oder ist es der Wert für das Gesamtunternehmen? Und wer repräsentiert dieses? Ist es der Geschäftsführer? Was ist bei Geschäftsführerwechsel? Ändert sich dann der objektive Wert? Was ist, wenn die Arbeit zwar großen Wert für die Abteilung hat, aber wenig wichtig für das Gesamtunternehmen sein sollte? Oder was soll gelten, wenn die Arbeit zwar von größtem Interesse für das Unternehmen, aber sehr umweltschädigend ist? Ist die Leistung auch dann „objektiv gut“?

Beurteilen Sie bitte die Leistung einer Führungskraft im folgenden Fall, der sich übrigens tatsächlich zugetragen hat, und seien Sie dabei „objektiv“:

Eine Führungskraft wechselt nach der Übernahme einer neuen Abteilung einen älteren Mitarbeiter aus, der nicht mehr gut genug gearbeitet hat. Es gelingt ihr, einen jungen Mitarbeiter eines Konkurrenten anzusprechen und abzuwerben. Dieser hat bereits einschlägige Erfahrung, ist daher schnell eingearbeitet und erbringt durch neue Ideen schon im Probemonat um einiges mehr als sein Vorgänger. Da der neue Kollege auch recht jung ist, verdient er ca. 20 Prozent weniger als sein Vorgänger. Wie beurteilen Sie die Vorgangsweise des Vorgesetzten?

„Sehr gut", werden wohl die meisten Beurteilungen lauten, erfüllt unser Vorgesetzter doch alle Kriterien, die üblicherweise an Führungskräfte gestellt werden: Leistungserhöhung und Kostenoptimierung werden gleichermaßen erreicht, die Erfüllung des geheimen Traums jedes Wirtschaftskapitäns. Zur Verdeutlichung soll dieses Beispiel mit einigen rechnerischen Annahmen versehen werden:

Alter Mitarbeiter (A)		*Neuer Mitarbeiter (N)*	
Leistung	70 %	Leistung	100 %
Gehalt	100 000 DM	Gehalt	80 000 DM

Fazit: eine Leistungssteigerung um 30 Prozent bei einer Gehaltskostenreduktion um 20 Prozent, also ein sehr positives Ergebnis, eine Aktion, die sich voll gelohnt hat.

Anders sieht das Beispiel allerdings aus, wenn man es um jene Fakten ergänzt, die sich später tatsächlich (also „objektiv"?) zugetragen haben:

N hat acht Monate später das Unternehmen wieder verlassen und ist zu einem Konkurrenten gewechselt. Sein Insider-Wissen über die laufenden Projekte und die künftig geplante Marktstrategie kommen jetzt indirekt diesem Mitbewerber zugute und fügen dem Unternehmen, in dem unsere Führungskraft so erfolgreich war, schweren Schaden zu.

Das macht nachdenklich. Wäre unsere Führungskraft nicht „objektiv" erfolgreicher gewesen, wenn sie jemand anderen, möglicherweise sogar einen totalen Laien eingestellt hätte? Oder selbst dann, wenn sie überhaupt nichts unternommen, sondern sich mit der Fortsetzung des alten Zustandes abgefunden hätte? Ich bin der letzte, der der Inaktivität das Wort redet, das Beispiel soll bloß die Relativität von Beurteilungen zeigen. Und eine negative Beurteilung ergibt sich auch aus volkswirtschaftlicher Sicht (abgesehen von sozial-humanitären Aspekten, die hier unberücksichtigt bleiben sollen), falls A keinen Job mehr findet und für ihn vom Staat Arbeitslosengeld (die rechnerischen Sätze sind angenommen) bezahlt werden muß. Ferner sinkt infolge des geringeren Einkommens von N gegenüber A die Progression (die Höhe ist wieder unterstellt). Der Sachverhalt ist dabei noch um jenes Faktum zu ergänzen, daß N schließlich nicht nachbesetzt wurde, sondern seine Arbeit auf die verbleibenden Kollegen verteilt wurde.

Situation alt		*Situation neu*	
Steuer von A:		Keine Steuer von A	
50 % von	100 000,–		
	= + 50 000.–		
Steuer von N:		Steuer von N (von 80 000,--)	
60 % von	60 000.–		
	= + 18 000.–	30 % von 60 000,– =	+ 18 000,–
		+ 40 % von 20 000,– =	+ 8 000,–
		Total	+ 26 000,–
		Arbeitslosen-unterstützung für A	– 20 000,–
Insgesamt	+ 68 000,–		+ 6 000,–

Für einen kleinen (vorübergehenden) betrieblichen Vorteil wird also ein größerer volkswirtschaftlicher Nachteil in Kauf genommen. Die Beurteilung aus dieser Sicht daher: negativ. Positiv könnte aber auch eine volkswirtschaftliche Beurteilung wieder werden, wenn das Unternehmen etwa zu solchen Rationalisierungsmaßnahmen gezwungen wäre, um überhaupt weiter überleben zu können und so die Arbeitsplätze in ihrer überwiegenden Gesamtheit erhalten werden können.

Schon aus diesem relativ einfachen Beispiel wird deutlich, daß uns eine objektive Bewertung einer Situation an sich schon gar nicht möglich ist, weil wir gar nicht alle zukünftigen Folgen vorhersagen können – ganz abgesehen davon, daß wir alle unsere Beobachtungen und erst recht unsere Einschätzungen ständig durch unsere persönliche Erfahrung filtern.

Damit bestätigt sich die schmerzliche Einsicht: Wir können überhaupt nicht objektiv urteilen. Es gibt aber auch eine positive Seite dieser Erkenntnis: Wir brauchen es gar nicht zu tun. Es ist überhaupt nicht notwendig, objektiv zu sein.

Stehen Sie daher zu Ihren subjektiven (hohen) Leistungserwartungen, nur: Behalten Sie sie nicht für sich, sondern drücken Sie sie aus. Und zwar deutlich! In Wahrheit geht es nämlich nicht um Objektivität, sondern um Klarheit in den jeweiligen Erwartungshaltungen.

Anstatt unsere Anstrengungen ständig auf ausweglose Objektivierungsversuche zu richten, konzentrieren wir uns doch lieber auf Offenheit, Transparenz, Gleichbehandlung und das Vermeiden ungerechtfertigter Differenzierungen. Viele Profis lehnen Beurteilungen von Personen, wo immer Sympathie und Antipathie mitschwingen, überhaupt ab. Denn Vorgesetzte haben zwar die Pflicht, die Leistungen ihrer Mitarbeiter zu bewerten, aber sie haben noch lange kein Recht, ihre Mitarbeiter als Menschen zu beurteilen. Bekennen wir uns daher zu unseren (subjektiven) Erwartungen und (subjektiven) Werthaltungen. Freilich ist das viel schwieriger. Objektive Tatsachen sprechen (scheinbar) für sich, aber für subjektive Werthaltungen muß man die Verantwortung übernehmen. Und sie tragen das Risiko des Irrtums in sich, auf das wir gerne mit unseren automatisierten Abwehrmechanismen (siehe dazu Teil 1, Kapitel 10) reagieren.

Führungskräfte können daher auch keine wirkliche Hilfe vom Unternehmen in Form von objektivierten Beurteilungsbögen erwarten. Was sie aber erwarten dürfen, ist ein entsprechender Ausbildungsbeitrag, wie ihre Leistungserwartungen professionell umgesetzt werden können. Nur die wenigsten von ihnen sind für solche Gespräche optimal ausgebildet. Deshalb werden die eigenen Erwartungen nicht klar genug ausgesprochen, deshalb wird oft am Thema vorbeigesprochen, deshalb werden Probleme mehr oder weniger elegant umgangen.

Ich gebe aber zu, daß die Forderung nach subjektiver Beurteilung auch ein wenig riskant ist, kann sie doch von einigen „Praktikern" dahingehend verstanden werden, daß damit die letzten Arbeitsschutz-Bastionen zum Einsturz gebracht werden sollen. Der Willkür ist hier eine klare Absage zu erteilen. Auch vor brutaler Ausbeutung muß eindringlich gewarnt werden. Sie schützen sich am besten davor, indem Sie sich die richtigen Führungskräfte, die Ihre Werthaltungen teilen und es verstehen, Leute professionell zu fordern, auswählen. Wie Sie das am besten tun, haben Sie ja in Kapitel 5 („Wer die Wahl hat ...") bereits erfahren.

Die Zielorientierung als Führungsinstrument

Im zweiten Teil haben wir einige Gefahren, die mit Zielvereinbarungen, welche ja häufig aus Beurteilungen resultieren, verbunden sind, kennengelernt, beispielsweise die Freizeichnung von Vorgesetzten hinsichtlich des Erfolges bei der Zielerreichung. Dieser wird allein dem Mitarbeiter überlassen.

Hier soll die Frage behandelt werden, ob die Zielvereinbarung aufgrund der beschriebenen Risiken überhaupt unbrauchbar ist oder ob sie sich unter gewissen Umständen nicht doch als Führungsinstrument eignen könnte. Die Antwort sei vorweggenommen: sie kann durchaus, aber nur unter stimmigen Rahmenbedingungen.

Da wäre als Wirksamkeitsvoraussetzung zunächst die *persönliche Akzeptanz* des Vorgesetzten zu fordern. Allein durch die bedingungslose Umsetzung betrieblicher Ziele, wie es viele Manager als ihre Aufgabe verstehen, ist diese natürlich nicht zu erreichen. Auch das Wundermittel „Hierarchie" hilft hier nicht wirklich. Im Gegenteil: Es schadet sogar. Durch Hierarchie (also: künstlich) legitimierte Personen, bei denen die Führungseignung und überhaupt die Persönlichkeitsentwicklung nicht standhalten, stehen auf verlorenem Posten. Mitarbeitergespräche gehen hier unweigerlich ins Leere. Daher ist eine Akzeptanz im Sinne einer ehrlichen, inneren Anerkennung von Vorgesetzten durch ihre Mitarbeiter unerläßlich.

Ebenso wichtig für den Erfolg eines Mitarbeitergesprächs beziehungsweise einer Zielvereinbarung ist zudem die inhaltliche *Glaubwürdigkeit.* Das pseudodemokratische Prozedere, das bei vielen MAGs abläuft, ist es aber, was deren Glaubwürdigkeit schwer beeinträchtigt. In Wahrheit geht es nämlich immer nur um den permanenten Versuch der Erhöhung des Leistungsdruckes. (Leider mißverstehen viele Vorgesetzte dieses Ansinnen noch kräftig, indem sie auf die Steigerung in quantitativer Hinsicht abzielen anstatt qualitative Veränderungen zu initiieren.) Zwar ist man schon bereit, auf Wünsche und Anliegen von Mitarbeitern einzugehen, aber meist nur innerhalb recht enger Grenzen und wieder aus demselben Motiv: Man möchte immer noch mehr Leistung erhalten. Dieses Ziel ist grundsätzlich auch zu respektieren. Ob es möglich und realistisch ist, eine ständige Steigerung der Leistung zu erreichen, ist eine andere Frage, doch das Ansinnen bleibt legitim, zwingen einem doch schon automatische, unausweichliche Personalkostensteigerungen, wie Biennalsprünge und über der Inflationsrate liegende jährliche Kollektivvertragsabschlüsse einen ständigen Handlungsbedarf auf. Jede Personalkostensteigerung muß verdient werden. Die Überwälzung auf die Produktpreise ist meist aus Konkurrenzgründen problematisch beziehungsweise überhaupt unmöglich geworden. Der Ersatz von teurem durch billigeres Personal ist auch nicht so einfach und wirkt vor allem nicht sofort, sondern hat zunächst durch die Kostenremanenz kurzfristig sogar einen gegenteiligen Effekt. Oft verbleibt daher eine Produktivitätssteigerung (vorläufig noch) als einzig möglicher Ausweg. Hierbei sollen das MAG und die Zielvereinbarung unterstützen und helfen, die Leistung von Mitarbeitern kontinuierlich zu steigern. Der Dialog soll als Ventil dienen, damit der Mitarbeiter den steigenden Leistungsdruck besser aufnehmen kann. Das Motto soll lauten „Einverstanden, wenn ...". Der Mitarbeiter wird also aufgefordert zu sagen, was ihn zu noch höherer beziehungsweise besserer Leistung anregt. Doch nicht etwa aus altruistischen oder gar humanitären Motiven, sondern einzig und allein, um noch mehr Einsatz von ihm abzuverlangen. Und das soll man auch zugeben! Man soll wenigstens so ehrlich sein und die wahren Gründe offen aussprechen und nicht von einem „Recht der Mitarbeiter auf Mitbestimmung" oder ähnlichen Wohltaten sprechen.

Neben der Unehrlichkeit gibt es einen weiteren enormen Nachteil bei Zielvereinbarungen: den *Formalismus.* Wenn sich Manager gerne über die Kompliziertheit von Beamten auslassen, hier stehen sie ihnen um nichts nach. Schriftlichkeit, Terminsetzung und Benotung gehören zum Standardrepertoire von Führungskräften. Sie führen diese Pflichtübung mehr oder weniger nach Vorschrift durch. Mitarbeitergespräche in schriftlicher Form, eine interessante Konstruktion.

Schließlich wären noch *Aktualität* und *Relevanz* zu fordern. Fokussieren Sie nicht immer nur die Vergangenheit, also Ereignisse, die niemand mehr ungeschehen machen kann. Betrachten Sie geschehene Fehler als gute Lernchance, weiter nichts. Sprechen Sie lieber über die Gegenwart und vor allem die Zukunft, das bringt viel mehr!

Weitgehend unerfüllbar ist aber, wie unter 6.1. gezeigt, der Wunsch nach Meßbarkeit. Er ist verständlich, will man doch gerecht urteilen, dennoch ist er zum Scheitern verurteilt. Allenfalls meßbar sind vielleicht noch quantitative Ziele, wiewohl man auch hier seine Zweifel haben kann, müßte man doch, um „gerecht" zu sein, auch die Kausalität, also die Zurechenbarkeit des Erfolges in einem äußerst schwierigen Prozeß prüfen. Doch bei qualitativen Zielen wird es überhaupt haarig. Qualitative Ziele zu messen läuft letztlich auf eine reine Bewertungsfrage hinaus. Objektivierungsversuche bleiben daher Scheinobjektivierungen. Der Wunsch nach objektiver Meßbarkeit ist und bleibt „wishful thinking". Eine mögliche Alternative: die *akzeptierte Forderung*. Es steht nämlich dem Unternehmen, repräsentiert jeweils durch den Vorgesetzten, durchaus zu, zu fordern und zu verlangen. Dann soll man aber auch offen von einer Forderung sprechen, die es ja ist und bleibt, und sie nicht in das Mäntelchen von Begünstigungen, Rechten oder Privilegien hüllen.

Die akzeptierte Forderung kommt im Ergebnis der Zielvereinbarung – oder besser gesagt dem, was man mit ihr bewirken möchte – sehr nahe, vermeidet aber deren Nachteile, wie nachstehend kurz dargestellt werden soll.

Sie ist zunächst einmal ehrlich – und das ist ein gar nicht stark genug zu würdigender Vorteil. Es geht ja primär darum, daß etwas geschehen soll, was bisher (noch) nicht oder anders geschehen ist. Und bei allem „Prinzip Selbstverantwortung", zu dem ich mich natürlich bekenne, ist es auch legitim, seine Mitarbeiter zu fordern. Denn wer fordert, der fördert. Umkehrschluß: Wer seine Mitarbeiter nicht fördern will, der fordert sie nicht; er unterfordert sie. Lethargie und Scheinpragmatisierung sind angesagt.

Welche Motive mögen wohl Vorgesetzte haben, die ihre Mitarbeiter unterfordern? Die positiven Exemplare unter ihnen sind noch diejenigen, die gerne als Kumpel erscheinen wollen. Motto: „Bei mir hebt sich keiner einen Bruch bei der Arbeit" oder „Leben und leben lassen!". Problematischer sind schon diejenigen, bei denen sich dieses verfehlte Gönnertum paart mit einer überängstlichen Unsicherheit: „Da könnte mir ja einer in meiner eigenen (mühsam erkämpften) Position gefährlich werden!". Doch am schlimmsten sind jene Vorgesetzten, die glauben, nur sie alleine könnten und wüßten alles und alle anderen seien samt und sonders die Dummen. In nahezu masochistischer Art und Weise ziehen sie alles an sich: „Lassen Sie es nur da, das muß ich selber machen!", lautet ihre Lebensphilosophie. Das vermeintlich gepachtete Wissensmonopol wird tunlichst nicht aus der Hand gegeben, sondern bis aufs Messer verteidigt: Sie sehen sich gerne leiden, stöhnen wonniglich unter dem hohen Arbeitsdruck und rauben den Mitarbeitern systematisch die Lust an der Arbeit, sie zerstören konsequent deren Selbstvertrauen und erzwingen geradezu, daß nur mehr Dienst nach Vorschrift gemacht wird. Wenn nicht eine „Ballastrevolution“ gemacht und der Vorgesetzte gezwungen wird, den alten Führungsballast über Bord zu werfen, bleibt seine Einstellung weitgehend erhalten. Und „Ballastrevolutionen“ haben immer noch Seltenheitswert im Wirtschaftsleben. Da kommt das „FROSCH“-Syndrom schon wesentlich häufiger vor: Die Mitarbeiter resignieren und verfallen in die „freizeitorientierte Schonhaltung“, erbringen in ihrer Freizeit aber Spitzenleistungen im Schach, in fernöstlichen Kampfsportarten, spielen intellektuell höchst anspruchsvolles Snooker-Billiard und vieles andere mehr. Dort haben sie keinen, der sie ständig antreibt, trotzdem sind sie motiviert. Sie motivieren sich selbst.

So funktioniert es auch im Spitzensport: Man motiviert sich selbst (den Einsatz von Mentaltrainern sehe ich als bloße Unterstützungsmaßnahme zum Aktivieren der Eigenmotivation), doch gefordert wird man von Dritten: den Herausforderern, den Gegnern oder den eigenen Teamkollegen. Die spielen eben demjenigen den Ball zu, dem sie die größten Torchancen zutrauen.

Es erscheint mir daher angebracht, die Forderung im Arbeitsleben zu enttabuisieren und mit einem positiven Bedeutungsgehalt zu versehen, obwohl nicht jede Art von Forderung gleichermaßen angebracht ist. Zu unterlassen sind sowohl Über- als auch Unterforderungen. Vorgesetzte haben daher die Aufgabe, Forderungen möglichst treffsicher zu plazieren. Ist die Forderung unrealistisch, also überzogen, ist sie genauso motivationsschädlich, als wenn sie zu niedrig liegt, weil sie dann nicht wirklich als herausfordernde Aufgabe, ja vielleicht sogar als Zumutung empfunden wird. Doch von solchen Extremfällen abgesehen, sind Forderungen gegenüber Mitarbeitern grundsätzlich positiv zu beurteilen.

Um den erwähnten Gefahren zu begegnen, soll der Inhalt einer Forderung ausdrücklich akzeptiert werden. Dies soll vor Überforderung oder Willkür des Vorgesetzten schützen und gibt dem Mitarbeiter die Möglichkeit, seine eigene Sichtweise einzubringen.

Dabei sollte nicht nur das Ziel allein definiert, sondern bei komplexen Aufgabenstellungen auch der konkrete Zielerreichungsprozeß überlegt werden: Weg und Ziel sind oft gleich wichtig. Dadurch werden Lernprozesse initiiert und die Zusammenarbeit mit dem Vorgesetzten wesentlich gefördert. Und eine etwaige Zielverfehlung wird dann entpönalisiert, wenn man dem Ziel zumindest entscheidend näher gekommen ist oder wenigstens einen Lernprozeß absolviert hat, was ja auch nicht so schlecht ist. Natürlich soll eine solche Forderung nicht für ein einmal jährlich obligates MAG aufgespart werden, sondern immer dann erfolgen, wenn sie erforderlich oder zumindest weitgehend aktuell erscheint.

Eventuell können sinnvolle, aber nicht vordringliche Themen für ein Jahresgespräch angesammelt werden, doch sollte man dabei nur Themen aufgreifen, die wirklich wichtig und bedeutsam genug sind, und nicht die Mitarbeiter im Jahresgespräch stets mit einer neuen Forderung überraschen oder jedesmal mit einer neuen Zielvereinbarung beglücken. Tatsächlich werden aber gerne Jahr für Jahr recht fragwürdige Ziele gebetsmühlenartig immer wieder neu aufgestellt, deren Notwendigkeit oder Sinnhaftigkeit bei näherer Betrachtung oft recht unklar erscheint.

Ich bezweifle damit nicht generell den Wert von Budgets als Jahresziele, wiewohl auch diese derzeit gerade in Frage gestellt werden, und die Wichtigkeit ihrer Akzeptanz durch die Mitarbeiter. Gerade das Budget ist für mich ein klassisches Jahresziel, das nach meinem Verständnis nicht „vereinbart" werden kann. Natürlich ist im Budget(erstellungs)prozeß die Mitwirkung der Mitarbeiter unerläßlich, doch ist dies ein systemimmanentes Bottom-up-Verfahren, das bloß eine (vorläufige) Grundlage für ein Gesamtbudget darstellt. Das endgültige Budget wird (hoffentlich) darauf aufgebaut, wobei in aller Regel Änderungen erfolgen, die dann top-down mitgeteilt werden. „Vereinbarungen" als Ergebnis eines offenen Verhandlungsprozesses sind da nicht gefragt beziehungsweise überhaupt nicht möglich. Hier geht es schon viel eher um knallharte Forderungen, die in der Summe akzeptiert werden müssen. Verhandelbar ist allenfalls noch die Aufteilung zwischen den einzelnen Betriebsabteilungen, wenngleich auch nur sehr eingeschränkt. Für echte „Vereinbarungen“ ist hier kein Raum. Also bin ich skeptisch gegenüber obligaten „Jahreszielen“ für Mitarbeiter und Abteilungen, die hauptsächlich deshalb aufgestellt werden, weil sie von der Geschäftsleitung verlangt werden.

Auch in der Budgetierung ist der Jahreszeitraum an sich willkürlich, doch erscheinen hier zumindest Vorteile, wie die Vergleichbarkeit mit den Bezugsmonaten des Vorjahrs oder mit dem letzten Jahresabschluß evident. Bei Zielvereinbarungen und Mitarbeitergesprächen, vor allem mit qualitativen Inhalten, ist jedoch nicht leicht einzusehen, warum dies immer ausgerechnet jährlich und nicht in auf die jeweilige Aufgabenstellung ausgelegten, also kürzeren oder auch längeren Zeitspannen erfolgen sollte.

Es muß doch möglich sein, Jahresgespräche auch ohne ständiges bazarmäßiges Verhandeln über Ziele zu absolvieren. Die reduzieren sich dann auf ihren eigentlichen Kern, eine beiderseitige Standortbestimmung. Ein interessantes Thema könnte dabei auch das ständige, lebenslange Lernen sein, beispielsweise die Frage, wie das Unternehmen diesen Prozeß fördert (oder behindert) oder welche Initiativen der Mitarbeiter dazu unternommen hat oder unternehmen sollte.

Wenn man ein solches berufliches Orientierungsgespräch, das ohne weiteres einmal jährlich stattfinden kann, kombiniert mit unterjährigen, jeweils wichtigen und immer aktuellen Forderungsvereinbarungen, hat man noch einen weiteren Vorteil: Die Gesprächsthemen sind dann fast zwangsläufig immer aktuell (es läßt sich ja nur sehr schwer „auf Vorrat“ und schon gar nicht in die Vergangenheit fordern), und es besteht nicht die Gefahr, bei Beurteilungsgesprächen immer wieder in Fehlern der Vergangenheit (Motto: „Das hätte nie passieren dürfen!“) herumzuwühlen. Beurteilungen (wenn man von echten Potentialbeurteilungen, die in der Praxis doch recht selten sein dürften, absieht) erfolgen stets ex post, das heißt sie sind auf Verhaltensweisen in der Vergangenheit bezogen, während Forderungen stets auf die Zukunft gerichtet sind.

Wer fordert, der will damit etwas erreichen. Eine Forderung ist insofern auch immer konstruktiv, sie impliziert eine gemeinsame Zukunft und ist so ein Bekenntnis zum Mitarbeiter. Ein Führen ohne zu fordern hingegen wirkt resignativ. Man hat den Glauben an den Mitarbeiter entweder nie gehabt oder bereits verloren, man schleppt ihn eben irgendwie mit, hat in Wahrheit aber mit ihm abgeschlossen. Nochmals: Wer fordert, der fördert. Das ist die ehrlichste Art zu führen.

Und Felix von Cube hat für mich überzeugend ausgeführt, daß wir Menschen Risiko (bekanntlich ist ja jede Forderung mit dem Risiko der Ungewißheit ihrer Erfüllung verbunden) sogar aktiv aufsuchen, eigenartigerweise aus unserem Sicherheitsbedürfnis heraus: Wir wollen das Unbekannte zu Bekanntem machen, wir wollen das Unberechenbare berechenbar machen, wir wollen Probleme lösen, damit sie keine Probleme mehr sind. Wir sind nämlich von Natur aus triebhaft „neugierig", das heißt „gierig" nach „Neuem". Und wir haben ein Lustgefühl, wenn unsere Neugier erfolgreich war, also zu einem sinnvollen Resultat geführt hat. Versuchen Sie es, es funktioniert!

Aufgabe 22: Wie werden sich Ihre zukünftigen Zielvereinbarungsgespräche von den bisherigen unterscheiden?

___

___

___

___

___

7. Let's do it! – Ihr persönliches Aktionsprogramm

Ich habe versucht darzulegen, daß wir nicht ständig krankhaft danach trachten sollten, die Motivationslage unserer Mitarbeiter aktiv zu beeinflussen. Das können wir auf Dauer gar nicht. Was können (und sollen) Führungskräfte aber tun? Keinesfalls darf aus dem Gesagten der Schluß gezogen werden, daß sowieso alles automatisch abläuft. Genausowenig wie wir die „Please the boss"-Nummer, wie Sprenger es bezeichnet, zulassen dürfen, genausowenig können wir die „Please the staff"-Nummer, also die Freizeichnung aus der Führungsverantwortung, akzeptieren. Es gibt wichtige Aktivitätsschwerpunkte, in die man sich als Führungskraft einklinken muß, und Wertewandel im Management heißt das (abgedroschene, aber immer noch richtige) Paßwort dazu. Warum sind wohl die Manager plötzlich so unter Beschuß geraten? Was veranlaßt jemanden wie Günther Ogger, von „Nieten in Nadelstreifen" zu sprechen, was jemanden wie Reinhard Sprenger, Vorgesetzte als „Großattentäter auf die menschliche Intelligenz" zu bezeichnen?

Man spricht in diesem Zusammenhang immer wieder davon, daß die Mitarbeiter mündiger geworden seien. Ich kann das nicht wirklich beurteilen, da ich die Vergleichsbasis nicht kenne, aber eines kann ich bestätigen: Mitarbeiter sind mündig. Machen wir uns doch nichts vor: Oft sind nicht die Besten zu Vorgesetzten gemacht worden, sondern die Angenehmsten: Pflegeleichtigkeit als Führungsvoraussetzung! Es besteht also keine Veranlassung, die Mitarbeiter schlechthin als Dumme zu betrachten. Und es läßt sich immer mehr feststellen, daß Vorgesetzte einer kritischen Sicht unterzogen und nicht bloß ergriffen aufgrund ihrer Stellung bewundert werden. Da nimmt sich unser traditionelles Führungsrepertoire ein wenig bescheiden aus.

Wie sollen wir uns auf solch eine veränderte Situation einrichten? Hierauf gibt es nach meiner Überzeugung keine allgemeingültige Antwort. Wir sollten uns aber endlich vom stereotypen Managerbild, das ikonenhaft geklont wird, verabschieden. Ich möchte

Ihnen nachstehend nur einige schillernde Farben und passende Motive dazu anbieten, doch malen muß jeder für sich selbst.

Ökologisches Opinion-Leading: Persönliche Ressourcenverantwortung

Die Führungskräfte sind aufgerufen, die Ressourcen ihrer Betriebe umweltschonend auszurichten und laufend ökologisch zu optimieren. Schon aufgrund ihres eigenen Gewissens sollten Führungskräfte intensive Anstrengungen für den Umweltschutz zu ihrem ständigen persönlichen Anliegen machen. Führungsverantwortung (die Betonung liegt auf „Verantwortung"!) hat auch eine ökologische Dimension. Umweltbewußtsein kann nicht bei der Einfahrt in die Firmengarage enden. (Zu Hause wird der Müll getrennt und wo nur immer möglich Energie gespart, aber in der Fabrik wird ohne Rücksicht auf Umweltfolgen produziert. Stefanie Böge hat 1993 die Transportwege eines Bechers Erdbeerjoghurt untersucht und festgestellt, daß ein in Stuttgart hergestellter Joghurt inklusive seiner Bestandteile und Behältermaterialien durchschnittlich 3 500 km weit reist, 4 500 km werden zusätzlich durch Zulieferer des Herstellers zurückgelegt. – Hoffentlich schmeckt er wenigstens!) Eine Vernachlässigung des Umweltschutzes wird um so unverständlicher, wenn dieser auch zum Wohle der Firma ist, was weit öfter zutreffen wird, als man annehmen möchte. „Ökokapitalismus" ist für viele noch eine leere Worthülse. Doch liegt es nicht an uns, sie mit konkreten Inhalten zu erfüllen?

Lassen Sie mich einige Beispiele aus meinem eigenen Umfeld anführen:

- Benutzung der U-Bahn statt (und trotz) des Dienstwagens (Dadurch entgehe ich einem fast obligaten täglichen Stau und gewinne, wenn ich im Zugsabteil arbeite, produktive Zeit oder entspanne mich beim Zeitunglesen etc.);

- Vermeidung jedes unnützen Aufwandes und Energieverbrauches, etwa Unterlassung unnötiger eigener Fahrten oder Dienstreisen meiner Mitarbeiter, Lichtabdrehen im Büro, Einschalten des PCs nur bei Bedarf, Energiesparlampen etc.;
- Vermeidung von „Über-Information", etwa unnützer Kopien (man darf ja hier nicht nur die Kosten der Kopie selbst sehen, sondern auch jene, die das Lesen, Ablegen etc. verursacht);
- effizienzorientierter Führungsstil, das heißt Konzentration auf die wesentlichen Aufgabenstellungen, Zeit-/Nutzenüberlegungen bei (fast) allen beruflichen Erwägungen usw.

Viele andere Anwendungsmöglichkeiten finden Sie in „Faktor vier" von Weizsäcker/Lovins. Einige möchte ich beispielhaft anführen:

- *Investiere in die Effizienz:* Der Wettbewerb hat sich in den letzten Jahren dramatisch verschärft. Dem muß unter anderem mit drastischen Effizienzsteigerungen Rechnung getragen werden. Effizienz in ökologischem Sinne heißt für mich in erster Linie Energieeffizienz. Ein Beispiel, das die Autoren selbst geben, ist die Außerbetriebnahme ineffizienter Geräte. Welcher Anwendungsbereich und Nutzen sich dadurch allein in den privaten Haushalten ergeben würde – von den Betrieben ganz zu schweigen!
- *Mache das Kostengünstigste zuerst.* Diese sehr simple Regel scheint für viele Erwerbstätige, durchaus auch für so manchen Manager, tatsächlich ein Fremdwort zu sein, wenn man bedenkt, wieviel unnützes Papier täglich ungestraft produziert wird. Überinformation ist eine ungeheure betriebs- und volkswirtschaftliche Ressourcenvernichtungsmaschine!

  Andererseits ist fraglich, ob so manche „effizienzsteigernde Investition" vom Aufwand her tatsächlich gerechtfertigt erscheint. Ich denke hier etwa an den Wahn, Computer massenweise zu verschrotten, nur weil eine neue Generation von Geräten auf den Markt gekommen ist, die ein wenig mehr kann. Das mag zwar vor allem bei Neuanschaffungen durchaus ein Vorteil sein, die Kosten stehen dafür oft genug in keinem Verhältnis zum verursachten Aufwand. Auch sollte man bedenken, wieviele EDV-Anwender wirklich die Kapazitäten bis zum Limit nutzen – es dürften nicht allzu viele sein.

- *Least Cost Planning:* Das, was Weizsäcker/Lovins für Elektrizitätserzeugungsunternehmen in „Faktor vier" ausführen, kann auch sonst als Kalkulationsgrundlage dienen. Dienstleistungen sollten schnell, zuverlässig und so billig wie möglich erbracht werden. Die Kostenminimierung muß in zwei Richtungen gehen: einerseits müssen die eigenen Kosten laufend optimiert werden, andererseits müssen die Kosten für die Umwelt erfaßt und weiterverrechnet werden. Es muß Aufgabe der Betriebe werden, preislich attraktive und ökologisch verträgliche Produkte zu erzeugen.

Je weniger Ressourcen wir einsetzen, um einen (geschäftlichen) Erfolg herbeizuführen, desto erfolgreicher sind wir als Führungskraft. Das Schreiben auf Altpapier ist ein winzig kleines Beispiel dafür. Es muß außerdem Anliegen und Verpflichtung sein, unnötige oder zweifelhafte Dienstfahrten von Mitarbeitern möglichst zu unterbinden beziehungsweise eigene zu unterlassen (etliches wird man auch telefonisch erledigen können). Bei Arbeitsende Licht, PCs, Kopierer und sonstige Geräte auszuschalten, sollte eine Selbstverständlichkeit sein, die sich noch dazu in den Kosten lohnt. Auch das Unterlassen überflüssiger Kopien zählt zu den oft ungenutzten Möglichkeiten. (Man vermeidet ja damit nicht nur die eigentlichen Kopierkosten, die ohnehin nur den geringsten Teil ausmachen; man erspart auch die Kosten der Verteilung, der weiteren Beschäftigung damit beziehungsweise deren Ablage. Und diese Kosten können sich im Laufe der Zeit bei größeren Unternehmen ziemlich summieren!)

Eine andere Möglichkeit sind Telekonferenzen anstelle kostspieliger Geschäftsreisen. Abgesehen von den trotz sinkender Flugpreise immer noch beachtlichen Kostenpositionen für Flugtickets, Hotels, Tranfers, Tagsätze etc., die man sich ersparen kann (die Kosten einer Videokonferenz sind erheblich geringer), gibt es einen weiteren Vorteil: Im Vergleich zu einer transatlantischen Geschäftsreise beispielsweise beträgt der Ressourcenverbrauch bloß ein Hundertstel.

Wenn Sie näher an dieser Thematik interessiert sind, lesen Sie nach Sie bei Weizsäcker/Lovins.

Meeting or working

Meetings kosten Geld. Viel Geld sogar im Laufe der Zeit! Sicher sind sie an sich unverzichtbar, wenn man auf gut informierte Mitarbeiter Wert legt, aber es soll einem schon bewußt sein, daß währenddessen die sonstige Arbeit ruht. Meetings sind daher nur dann anzusetzen, wenn es für jeden einzelnen Teilnehmer notwendig oder zumindest sinnvoll erscheint. Diese sollen folglich nicht nach hierarchischen („Wenn Abteilungsleiter A dabei ist, muß Abteilungsleiter B auch dabei sein!"), sondern nach funktional-zweckmäßigen Gesichtspunkten ausgewählt werden. Es kann ja kein Sakrileg sein, wenn ein Mitarbeiter, der sachlich involviert ist, teilnimmt, ein anderer, nicht involvierter Mitarbeiter hingegen nicht!

Wie zitieren Weizsäcker/Lovins Dr. Michael Fuchs, den Präsidenten des Groß- und Außenhandelsverbandes, so treffend? „Zum Preis eines deutschen Mitarbeiters können wir zur Zeit 10 ungarische, 18 polnische, 30 bulgarische oder 70 russische Mitarbeiter beschäftigen." – Das sollte uns zu denken geben! Sind wir wirklich x-fach besser als unsere ost- und zentraleuropäischen Kollegen? Meine Erfahrungen im Osten belehrten mich oft des Gegenteils. Zumindest haben wir die Verpflichtung, unproduktive Arbeitszeiten so minimal wie möglich zu halten. Informationsaustausch ist sicherlich wichtig, kein Zweifel, doch gibt es auch andere Möglichkeiten als elendlange Sitzungen. Insbesondere sollten wir dabei auch neue, uns zur Verfügung stehende Informationstechnologien nicht zu nutzen vergessen, die zum Teil anstelle dessen eingesetzt werden können.

Die Anzahl von und die Einladungsliste zu Meetings ist also kritisch zu überprüfen. Aber auch auf deren Effizienz ist aktiv einzuwirken. Eine Agenda, eine präzise Vorbereitung, das rechtzeitige Aussenden von Unterlagen vor einer Besprechung und eine professionelle Moderation sollten eine Selbstverständlichkeit sein. Reine „Talk Shows" just for entertainment haben keinen Platz mehr im Geschäftsalltag.

Welche Auswirkungen das auf die Motivation hat? Lassen Sie sich überraschen!

Ausbildung oder Aus, Bildung?

Obwohl es nicht allein Sache des Unternehmens ist, für eine ständig verbesserte und auf die Zukunft ausgerichtete Ausbildung seiner Mitarbeiter zu sorgen, ist dies für verantwortungsvolle Vorgesetzte doch eine unbestrittene Aufgabe. Genauso selbstverständlich ist auch, dabei nicht nach dem Zufalls- oder Gießkannenprinzip, sondern planvoll und überlegt vorzugehen. Reine „Alibitrainings", damit überhaupt etwas getan wird, sind zu wenig. Zunächst ist auch bei Führungskräften selbst Aus- und Weiterbildung gefragt. Obwohl deren Vorbildfunktion beispielsweise von Sprenger durchaus in Frage gestellt wird, steht sie in diesem Punkt doch zweifelsfrei fest. Sie müssen schon demonstrieren können, daß sie ständig an einer Verbesserung ihrer eigenen Qualifikation arbeiten. Sie müssen zeigen, daß sie es ernst meinen mit ihrem Bildungsanspruch und bei sich selbst beginnen. Eine abgeschlossene Schulbildung darf nicht als Abschluß, sondern als Auftrag verstanden werden, auf dieser Basis permanent fortzusetzen. Mit zunehmender Reife und fortschreitendem Lebensalter gewinnt man immer wieder neue Zugänge und Sichtweisen. Das Leben wird zu einer einzigen Entdeckungsreise nach Wahrheiten und Einsichten. Derart wird das Lernen zu einem neuen, bestimmenden Lebensinhalt, der sowohl das Berufs- als auch das Privatleben erfüllt. Wir erhalten dabei die Chance, unser Wissen einzusetzen und zu erproben. Durch das ehrliche Vorleben einer solchen

Einstellung wird den Mitarbeitern gezeigt, was man von sich selbst verlangt und welche Erwartungen man ihnen gegenüber hat.

Dabei ist es äußerst wichtig, Weiterbildungsinitiativen zu erkennen, zu fördern und zu wecken. In meiner Praxis in der Personalentwicklung habe ich festgestellt, daß dort oft viel mehr Engagement dafür vorhanden ist, als mancher Chef vielleicht annehmen möchte. Es geht also im wesentlichen darum, ein vorhandenes Verständnis zu verstärken beziehungsweise abzurunden und Perspektiven zu eröffnen, die den Einsatz sinnvoll erscheinen lassen.

Auch Mitarbeiter der unteren Ebenen müssen Interessen für andere Aufgabenstellungen entwickeln und erkennen, daß sie dadurch nicht nur ihre eigene Wertigkeit im Unternehmen erhöhen, sondern auch für andere Unternehmen attraktiver werden. So sind Bildungsinitiativen immer auch eine Investition in die eigene Arbeitsplatzsicherheit beziehungsweise Erwerbstauglichkeit. Lernen darf also nicht allein Universitätsabsolventen oder Wissenschaftlern vorbehalten bleiben

Dies ist auch die einzige Chance, eine „lernende Organisation“ tatsächlich zu realisieren: ein breites, theoretisches Grundwissen und freiwillige Vertiefungen in alle möglichen Spezialgebiete, die den persönlichen Neigungen entsprechen.

Lernen hat damit drei Dimensionen: eine höchstpersönliche für den Lernenden selbst, eine soziale für dessen kollegiales Umfeld und eine institutionelle für das Unternehmen. Und schließlich liegt über diesen drei Dimensionen noch eine vierte, eine Metadimension: Wir müssen das Lernen in einer solchen komplexen Systemvernetzung überhaupt erst lernen. Das bedeutet, uns selbst und unsere Systeme laufend weiterzuentwickeln, uns nicht mit Pseudolösungen zu begnügen, uns aber auch nicht durch Fehlschläge entmutigen zu lassen. Ich glaube, hier können wir in der Tat noch einiges lernen.

Wie sieht es aber im betrieblichen Alltag aus? Personalentwicklung wird vielleicht „zugelassen“, aber keinesfalls aktiv gefördert oder zumindest nicht genug.

Es kommt für Vorgesetzte nicht in erster Linie darauf an, die Schulungsmaßnahmen selbst auszuwählen, es ist aber ihre Verpflichtung, wo immer möglich anderweitige (und tunlichst höherqualifizierte) Verwendungen zu orten und die Mitarbeiter darauf vorzubereiten. Dies kann am besten im Rahmen von Mitarbeitergesprächen geschehen, wobei es aber nicht Aufgabe von Vorgesetzten ist, Karrieremöglichkeiten verbindlich zuzusichern (Noch immer ist grundsätzlich jeder selbst für seine Karriere verantwortlich!) Andererseits aber ist es sehr wohl deren Verpflichtung, Potentiale und Karrierewünsche von Mitarbeitern zu erkennen, nach den betrieblichen Bedürfnissen und Möglichkeiten zu sondieren und zu fördern.

Am wichtigsten dabei ist aber, ein Bewußtsein bei den Mitarbeitern zu schaffen, wie die gewünschte Karriere angegangen werden könnte. Wie konsequent sie sich dann dabei anstellen, kann als erste „Nagelprobe" für eine Höherqualifikation dienen.

Geben Sie der Innovation eine Chance

„Klar", werden viele jetzt denken, „ich bemühe mich die ganze Zeit, innovativ zu sein. Was soll ich mir denn noch einfallen lassen?"

Es ist viel einfacher: Sie haben die Innovation bereits in Ihrem Haus. Es sind Ihre jungen Mitarbeiter. Nehmen Sie sie ernst, und nutzen Sie ihre Ideen! Ein altes chinesisches Sprichwort bringt es auf den Punkt: „Im Kopfe des Anfängers gibt es viele Möglichkeiten, im Kopfe des Experten nur wenige."

Ich habe mehrfach „Zukunftsworkshops" in traditionellen Industrieunternehmen veranstaltet beziehungsweise miterleben dürfen. Es war eine echte Freude. Wir brauchen nicht immer gleich teure Consultants oder berühmte Management-Gurus, die natürlich ihre Rolle haben, aber die meisten Probleme liegen viel einfacher und können durchaus intern gelöst werden. Und dazu sollten Sie die Jugend einladen und nicht nur Leute, die die zu lösenden Probleme verursacht haben. Ist es nicht besser, den Managern von morgen die Möglichkeit zu geben, die Produkte von übermorgen zu gestalten, als die künftigen Rentner, denn das sind die Manager von heute, die Produkte von gestern verteidigen zu lassen?

Auch eine ordentliche Portion Unkonventionalität ist dabei von großer Wichtigkeit. Ein konform denkendes Führungsteam erscheint manchem zwar als Vorteil, aber nur ein konform handelndes Team ist es auch. Unterschiedliche Denkansätze sind sogar äußerst wichtig, um zu einer optimalen Willensbildung zu kommen.

Voraussetzung für all dies ist jedoch eine Unternehmenskultur, die Irrtümer nicht kriminalisiert, sondern zuläßt, ja sogar fördert.

Charles Handy berichtet in „Die Fortschrittsfalle" von festgestellten Verwirrungen durch Paradoxien. Bezüglich Innovation möchte ich eine weitere hinzufügen: Firmen reklamieren immer mehr Nachfrage nach Innovation, gestalten die Arbeitsbedingungen diesbezüglich aber immer feindlicher. Dauerstreß von früh bis spät läßt eben keinen Spielraum dafür. Rationalisierungen verstärken diese Problematik: es sind oft gerade die innovativen Leute, die hier (freiwillig!) abgehen. Innovation wird daher, wenn alle Personalreserven aufgezehrt sind, nur mehr ein Zukaufsprodukt sein können. Das ist die Gefahr bei der in der letzten Zeit immer häufiger postulierten Beschränkung auf „Kernkompetenzen".

Das Problem ist, daß wir uns auf der Sigmoidkurve (siehe Charles Handy, Seite 54 ff.) gerade auf dem Weg nach oben befinden, wenn wir davon bewußt abweichen sollten. Handy beschreibt diese geometrische Figur als „eine s-förmige Kurve, die den Menschen seit undenklichen Zeiten fasziniert. Sie beschreibt Aufstieg und Niedergang, wie bei allen historischen Weltreichen, Erfolg und Mißerfolg, wie bei vielen renommierten Unternehmen, sie beschreibt den Lebenszyklus von Produkten", ja sogar „den Verlauf der Liebe und der menschlichen Beziehungen." Ich bezeichne sie als magische Kurve, weil sie für mich eine einzigartige Magie aufweist: Sie wird für uns immer erst ex post sichtbar, wir wissen aber nie genau, wo wir uns gerade im Verlauf befinden.

Innovation bedeutet für mich bewußtes Verlassen dieser Kurve in der Aufwärtsbewegung entgegen aller Logik, die uns immer animiert, weiter „auf Kurs zu bleiben“, solange der Trend steigend ist, einzig und allein gestützt auf unsere empirisch nachgewiesene Erwartungshaltung. Die Frage ist nur, zu welchem Zeitpunkt wir abspringen müssen – sicher ist hingegen, daß wir es tun müssen.

Vom Generationenvertrag zum Generationenvortrag?

Bei unserem Rentensystem, das zur Zeit übrigens auch gerade zusammenbricht, ist man vom Grundsatz des Generationenvertrages ausgegangen: Die erwerbstätige Generation sollte die Rentner erhalten, gewissermaßen als Gegenleistung für die seinerzeit für sie ausgelegten Ausbildungskosten. So weit ein recht guter und schlüssiger Gedanke, der durch eine kleine Änderung im Wortlaut allerdings eine riesige Bedeutungsänderung erfährt. Dieses Prinzip wird Schritt für Schritt – und zwar nicht nur im Bereich der Renten – immer mehr in ein Prinzip des Generationenvortrags umgewandelt. Der eine geänderte Buchstabe macht einen großen Unterschied. Die Generation, die gerade „am Ruder“ ist, agiert äußerst kurzsichtig nach dem Motto „nach mir die Sintflut“. Sie erntet kurzfristig, was das Zeug hält, ohne Rücksicht auf Verluste. Und sie trägt die Lasten bedenkenlos in die Zukunft vor, das heißt sie belastet ihre Nachkommen. Das laufende Geschäftsjahr als Beurteilungszeitraum, das kommende Budget als Planungs-, das (abgelaufene) Quartal als (Re-)Aktionsperiode.

So schaut's aus: Beurteilt werden das laufende beziehungsweise das abgelaufene Geschäftsjahr und das Budget. Mehrjährige Planungen werden zwar immer wieder diskutiert, sind aber zumeist ohne wirkliche Relevanz. Sie werden erst durch die späteren Jahresbudgets wirklich verbindlich oder relativiert, das heißt wieder außer Kraft gesetzt.

Eine Führungskraft nach meinem Verständnis jagt aber nicht nur kurzfristigen Erfolgen nach, sie initiiert vor allem nachhaltige strukturelle Veränderungen, auch wenn diese erst in der Zukunft greifen sollten. Nun scheint die Erwartungshaltung der Eigentümer von Unternehmen oder deren Kontrahenten, die wir aber selbst mit unserer Einstellung provoziert haben, immer mehr auf rasche Ergebniswirksamkeit gerichtet zu sein, was sich beispielsweise in Konzeptionen wie dem Shareholder Value niederschlägt. Dennoch dürfen wir mittel- und langfristige Unternehmensentwicklungen nicht vernachlässigen und haben die Verpflichtung, diesbezüglich laufend und konsequent auf das Bewußtsein und die Einstellung der Aktionäre oder Gesellschafter beziehungsweise der Geschäftspartner einzuwirken. Ein rasches, reaktives Handeln erscheint zwar manchmal notwendig, allerdings dürfen strukturelle Maßnahmen, die für die Zukunft unerläßlich sind, auch dann nicht außer acht gelassen werden und purem Aktionismus zum Opfer fallen, wenn sie sich erst zu einem späteren Zeitpunkt (voll) auswirken werden. Es ist daher wesentlich, konsequente Entwicklungsarbeit im Unternehmen auch dann zu leisten, wenn sie sich nicht unmittelbar in den Zahlen niederschlägt. Kurzfristige Maßnahmen sind demnach immer auch auf ihre Verträglichkeit mit dem strategischen Kurs des Unternehmens zu untersuchen, der wiederum kontinuierlich auf die Erfordernisse des Marktes neu auszurichten ist. Reine Modetrends sind hier fehl am Platz!

Fünf vor zwölf – Wir brauchen neues Führungsdenken

Es ist höchste Zeit, unsere traditionelle Führungsweise grundsätzlich zu überdenken. Fangen Sie damit bei sich selber an. Am besten sofort.

Der Führungsbegriff ist durch eine krankhafte Fehlinterpretation in der NS-Zeit ziemlich in Verruf geraten und nach wie vor negativ besetzt. Dennoch ist er für die Wirtschaft unverzichtbar, er muß lediglich mit neuen Inhalten erfüllt werden. Und tatsächlich findet dort gerade ein Bedeutungswandel statt, den man kurzgefaßt als Entwicklung von der Fremdsteuerung zur Selbststeuerung beschreiben könnte. Führung hat dann die Aufgabe, Freiräume für Selbststeuerung zu schaffen, zu erhalten und auszudehnen. Hand in Hand damit geht auch eine Änderung des Motivationsbegriffes. Die Kernfrage lautet nicht mehr „Wie motiviere ich andere", sondern „Wie motiviere ich mich selbst."

Überlegen Sie sich Ihre persönlichen Konsequenzen daraus. Denken Sie sich frei. Opfern Sie Ihre inneren Überzeugungen und Ihre persönlichen Werte nicht auf dem Altar des (scheinbaren) beruflichen Erfolges. Ändern Sie Ihre Einstellungen, wenn sie falsch sind, aber kämpfen Sie dafür, wenn Sie sie für richtig und wichtig halten. Wenn Ihnen zum Beispiel Umweltschutz ein Anliegen ist, dann vertreten Sie das offen und ehrlich, und machen Sie es auch zu einem Anliegen in Ihrem Unternehmen. Werden Sie dessen ökologischer Vordenker.

Agieren Sie als erfolgreiche Führungskraft im Unternehmen überhaupt so, als ob es Ihr eigenes wäre. Natürlich können Sie nicht schalten und walten, wie Sie wollen. Doch das ist sowieso nirgends der Fall, auch nicht in einer Firma, die Ihnen selbst gehört, schließlich sind Sie nicht allein auf der Welt. Aber Sie sind der Regisseur in Ihrem Leben. Sie alleine.

Viele machen den Fehler, ihre Energien, wenn sie sie im Berufsleben nicht einsetzen können aufs private zu konzentrieren, wo sie es teilweise zu beachtlichen Spitzenleistungen bringen. Führen Sie aber nicht nur in Ihrer Freizeit erfolgreich Regie, tun Sie es auch im Beruf.

Natürlich auch umgekehrt: Wenn Sie im Berufsleben die Erfüllung gefunden haben, suchen Sie sie auch in Ihrem Privatleben. Trennen Sie Berufs- und Privatsphäre nicht: Führen Sie Regie in Ihrer gesamten Existenz.

23. Ihr persönliches Aktionsprogramm

Überlegen Sie sich, inwieweit eine Neuorientierung Ihres Führungsverhaltens erforderlich erscheint und was Sie konkret dazu unternehmen werden.

Das Schlußwort ist wirklich das Letzte!

Nun haben Sie's hinter sich. Danke, daß Sie durchgehalten haben. Sie werden zustimmen, daß meine Ausführungen keine wissenschaftliche Arbeit darstellen. Sie beruhen jedoch auf praktischen Erfahrungen und Beobachtungen zu den Themen Motivation und Führung und sollen teilweise neue Ansätze unterstreichen. Andererseits greifen sie auch alte Theorien wieder auf und stellen einfach Fragen, etwa jene, ob nicht alte Einstellungen und Zugänge zu der einen oder anderen Problematik mittlerweile überholt erscheinen. Dabei wollte ich Eindrücke und Erfahrungen – darunter mehr als zehn Jahre als Führungskraft, Personalleiter in Großunternehmen und Personalberater im In- und Ausland – reflektieren. Ich war daher lange genug in der Lage, auch meine eigenen Führungsfehler zu machen und im Rahmen dieses Buches aufzuarbeiten.

Es ist möglichst kurz gehalten und nicht durch unnötiges Ausschweifen in die Länge gezogen, was meine Hoffnung stärkt, daß es unter Ihnen – liebe Leser – diskutiert wird.

Im ersten Teil wurden bewußt keine Lösungsmöglichkeiten aufgezeigt, wenngleich sich manche Ansätze dazu schon durch simple Antithese ergeben. Doch hier ist Vorsicht geboten. Geheimhaltungserfordernisse können zum Beispiel durchaus im Widerspruch zum allgemeinen Informationsbedürfnis der Mitarbeiter stehen. In diesem Falle ist sorgfältig abzuwägen, und es kann durchaus manchmal die Geheimhaltung Vorrang haben. Es sollte allerdings nicht so weit kommen, wie es allzu oft der Fall ist, daß in der Öffentlichkeit, vor allem unter den Mitbewerbern, schon sämtliche Details kolportiert werden, während die Mitarbeiter als letzte davon erfahren – vielleicht erst aus der Tageszeitung.

Andererseits habe ich beispielsweise Zweifel, ob Prämiensysteme jeglicher Art und Ausgestaltung tatsächlich keinen Einfluß auf die Leistung(sbereitschaft) haben und ob Geld wirklich nur ein Hygienefaktor ist. Die Diskussion darüber sollte meines Erachtens wieder aufgenommen werden, da die gegenwärtigen Entlohnungssysteme mit den aktuellen Anforderungen an Mitarbeiter oft nicht mehr im Einklang stehen. Das vielberühmte „unternehmerische Denken“, das heutzutage so gerne verlangt wird, ist entweder nur ein Lippenbekenntnis (was häufig genug der Fall ist, da ein Großteil des Personals in der Tat nur für die Abwicklung von Geschäftsfällen sorgen soll, freilich auch in immer effizienterer Weise). Oder man ist bereit, geeignete Rahmenbedingungen dafür zu entwickeln. Dazu gehören nach meiner Überzeugung auch Entlohnungssysteme, die unternehmerisch angelegt sind.

Im wesentlichen wollte ich aber Anregungen geben für die tägliche Praxis, das eigene Tun genau zu bedenken und auf seine möglichen Folgen zu untersuchen, vielleicht aber auch da und dort neu auszurichten. Denn durch unkontrolliertes oder unprofessionelles Führungsverhalten wird enorm viel Demotivation erzeugt. Bevor man das 1 x 1 und die übrigen Grundrechenarten nicht beherrscht, sollte man sich eben nicht auf höhere Mathematik einlassen.

Konzentrieren wir uns als Führungskräfte doch nicht ausschließlich darauf, wie wir unsere Mitarbeiter motivieren können, achten wir lieber darauf, sie nicht zu demotivieren. Die beruflichen Rahmenumstände sind schwierig genug. Bekämpfen wir daher wenigstens aktiv und konsequent alle Arten von Demotivation, und machen wir unseren Mitmenschen das Berufsleben nicht unbedachterweise schwerer, als es für manchen ohnehin schon ist.

Vor allem die unzähligen Führungskräfte außerhalb des echten Spitzenlevels, die ihre Führungsrolle nicht wirklich aktiv spielen und noch dazu wesentlich mehr unmittelbaren Kontakt mit einer um so größeren Anzahl von Mitarbeitern haben, tun gut daran, sich kontinuierlich mit einer Verbesserung und Aktivierung ihrer Aufgabe zu beschäftigen.

Denn einerseits werden die Mitarbeiter ständig anspruchsvoller, das heißt sie erwarten mehr Qualität von ihren Vorgesetzten, andererseits wird auch die Toleranz gegenüber Führungsschwächen immer geringer und die interne Konkurrenz für Führungskräfte größer. Durch die Verflachung von Hierarchien und eine gegenwärtige Wirtschaftsentwicklung wird sich die Anzahl an Top-Positionen weiter zurückentwickeln; für ambitionierte Leute ist der Markt bereits heute wesentlich enger geworden, und für unprofessionelle Manager wird die Luft noch dünner werden. Trotz aller Versuche, Stellen, die keine traditionellen Führungsjobs sind, durch qualitative Aufwertung für deren Inhaber attraktiver zu machen, werden sich manche potentielle Nachwuchsführungskräfte nicht damit begnügen, sondern nach vorne drängen und zum Angriff auf manche „Nieten in Nadelstreifen" blasen. Das Führungsestablishment wird sich stellen müssen.

Mein persönliches Anliegen

So kann man sich täuschen! Das Schlußwort ist also doch nicht ganz das Letzte. Ich bin nämlich sehr an einem Dialog mit Ihnen, meinen Lesern, interessiert und lade Sie ausdrücklich ein, mir Ihre Kommentare zu meinem Buch – auch anonym! – zuzusenden. Die interessantesten Zuschriften werde ich gerne beantworten. Dazu meine Adresse:

Dr. Wolfgang G. Kollenz
c/o CC-CLIENTS CARE
Personal-Unternehmensberatung
Testarellogasse 31/14
A-1130 Wien
Österreich

Obwohl Belohnungsmodelle ja bekanntlich „out" sind, möchte ich Ihre Mitarbeit dennoch gerne belohnen. Die Rückmeldungen werden daher fortlaufend gezählt, und jede 50. Zusendung mit einem Seminargutschein für eine meiner Veranstaltungen belohnt. Leser, die anonym bleiben wollen, können mir ebenfalls eine Kontaktadresse (zum Beispiel Betriebsrat, Freund, Rechtsanwalt) hinterlassen, wenn Sie an einer Antwort interessiert sind. Sollte es sich gleichzeitig um eine 50. Zuschrift handeln, werde ich Ihnen den Gutschein dorthin senden, und Sie können überlegen, Ihre Anonymität nachträglich doch zu lüften und den Preis entgegenzunehmen oder weiterhin anonym zu bleiben und ihn an jemand anderen weiterzugeben.

In jedem Falle können Sie darauf vertrauen, daß ich Ihre Zuschriften vertraulich behandeln werde. Ich freue mich bereits auf Ihre Demotivationserfahrungen!

Literatur

ADAMS, SCOTT: Das Dilbert Prinzip. Landsberg am Lech 1997

ARMSTRONG, MICHAEL: Strategies for Human Resource Management. London 1992

BLANCHARD, KENNETH; SPENCER, JOHNSON: Der Minuten-Manager. Reinbek/Hamburg 1983

HANDY, CHARLES: Die Fortschrittsfalle. Wiesbaden 1995

HAUMER, HANS: Das Wildentenprinzip. Wien 1994

HÖHLER, GERTRUD: Spielregeln für Sieger. 6. Aufl., Düsseldorf u. a., 1992

KOBJOLL, KLAUS: Virtuoses Marketing – „Motivaction II". Zürich 1995

NEUWALDEGG, Beratergruppe: Intelligente Unternehmen – Herausforderung Wissensmanagement. Wien 1995

SCHUSTER, JOHN P.: Open Book Management – die neue Dimension der Mitarbeiterführung. Landsberg am Lech 1997

SOLLMANN, ULRICH; HEINZE, RODERICH : Visionsmanagement. Zürich 1993

SPRENGER, REINHARD K.: Das Prinzip Selbstverantwortung. 2. Aufl., Frankfurt am Main, New York 1995

WEIZSÄCKER, ERNST ULRICH VON; B. LOVINS, AMORY; LOVINS, HUNTER: Faktor vier. München 1995

Der Autor

Wolfgang Kollenz,
promovierter Jurist, vereint Führungs- und Beratungserfahrungen in einer Person. Er ist als Regional Manager für das Personalmanagement eines Industriekonzerns in Österreich und Osteuropa verantwortlich. Seit einigen Jahren arbeitet er darüber hinaus als Personalberater, Managementtrainer und Führungscoach. In Österreich hat er sich bereits als Erfolgsautor einen Namen gemacht.

Managementbücher kompetent - kritisch - kreativ

Tapscott, Don
Net Kids
Die digitale Generation erobert Wirtschaft und Gesellschaft
1998. 405 S. Br.
DM 48,00
ISBN 3-409-19287-5
Das erste Buch zum Thema Cyberkids und deren revolutionären Folgen für Wirtschaft und Gesellschaft. In seinem faszinierenden US-Bestseller stellt der Cyber-Guru Tapscott die Netzgeneration vor - wie sie lernt und kreativ ist, wie sie arbeitet und wirtschaften wird. Ein fesselnd geschriebenes Buch, unverzichtbar für zukunftsorientierte Manager - und für die „Eltern in den Managern".

Davis, Stan/
Meyer, Christopher
Das Prinzip Unschärfe
Neue Spielregeln, neue Chancen, neue Märkte in einer vernetzten Welt
1998. 220 S. Geb.
DM 68,00
ISBN 3-409-18984-X
US-Bestseller von zwei renommierten Ernst & Young-Autoren, nach vier Monaten 100.000 Mal verkauft. Ein grandioser Entwurf zur gerade entstehenden atemlosen Real-Time-Wirtschaft mit ihren unscharfen Grenzen zwischen Unternehmen und Kunden, Produkten und Dienstleistungen. Mit vielen Fallbeispielen und konkreten Handlungskonzepten zur Nutzung der zahlreichen neuen Marktchancen.

Kennedy, Carol
Management Gurus
40 Vordenker und ihre Ideen
1998. 228 S. Geb.
DM 68,00
ISBN 3-409-18983-1
Einzigartig auf dem deutschen Markt: die vierzig wichtigsten Management-Denker und ihre Ideen, komprimiert und flüssig geschrieben. Ein Buch für alle, die sich einen schnellen Überblick verschaffen und kompetent mitreden wollen. Englischer Bestseller von preisgekrönter Managementjournalistin, mit Glossar zu den wichtigsten Management-Konzepten. Ideal auch als Geschenkbuch sowie als Fundgrube für Zitate.

Kendall, Robin
Risk Management
Unternehmensrisiken erkennen und bewältigen
1998. 246 S. Geb.
DM 78,00
ISBN 3-409-18982-3
Das einzige Buch zum Risk-Management, das nicht bei Banken und Währungsrisiken stehenbleibt. Nützlich für die Bewältigung von Markt-, Kredit-, operativen und Rechtsrisiken von Banken, Industrie- und mittelständischen Unternehmen. Mit vielen Praxisbeispielen, u. a. zu Barings und Metallgesellschaft, und mit konkreten Strategien zur Behandlung des Jahr-2000-Risikos. Financial-Times-Standardwerk.

Buchner, Dietrich (Hrsg.)
Mehr Kundennähe
Von Kunden lernen, Kunden begeistern und binden
1998. 208 S. Geb.
DM 78,00
ISBN 3-409-18979-3
Erfolgreiche Unternehmen sind bestrebt, von ihren Kunden soviel wie möglich zu lernen. Kundennähe heißt, den Kunden als Lehrmeister anzuerkennen und das Unternehmen auf der Basis konsequenter Service-Orientierung zu steuern. Dieses Buch zeigt, wie das gelingt.

Lenz, Gerhard/ Ellebracht, Heiner/ Osterhold, Gisela
Vom Chef zum Coach
Der Weg zu einer neuen Führungskultur
1998. 180 S. Geb.
DM 68,00
ISBN 3-409-18995-5
„Vom Chef zum Coach" zeigt, welche Fähigkeiten Führungskräfte für zielgerichtetes Coaching benötigen. Eine Fülle praxiserprobter Anleitungen zur Änderung des Führungsverhaltens eröffnet Perspektiven für die Gestaltung einer neuen Führungs- und Unternehmenskultur.

Treier, Ralph
Macht und Ohn-Macht im Management
Wie Sie Führungsstärke und Teampower erfolgreich verbinden
1998. 288 S. Geb.
DM 78,00
ISBN 3-409-18855-X
Der Autor zeigt die Hintergründe des betrieblichen Phänomens „Machtspiele" und gibt dem Leser Instrumente an die Hand, um Machtspiele zu vermeiden oder damit konstruktiv umzugehen. Ziel ist, klare Führung mit erfolgreicher Team-Entwicklung zu verbinden.

Michel, Reiner
Komprimiertes Kennzahlen-Know-how
Analysemethoden, Frühwarnsysteme, PC-Anwendungen - mit vielen Checklisten und Schaubildern
1998. 210 S. Br.
DM 78,00
ISBN 3-409-18988-2
Anhand von vielen Praxisbeispielen zeigt das Buch die Anwendungsmöglichkeiten von Unternehmens- und Projektkennziffern, incl. FIS, dem Finanz-Management-Informationssystem von SAP.